不要**比較**，只要**教我**
——親職教育貼心手冊

孟瑛如／著

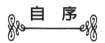

自 序

　　2007 年 5 月 31 日，我失掉了摯愛的父親！雖然他已纏綿病榻多時，且末期伴隨著老人癡呆症與插管治療，使得他不認得我們，也無法言語，兄弟姐妹們聚在一起也曾多次討論是否該讓父親安詳的離去，不再因我們的不捨而痛苦的經歷各種急救過程，但當事情真的發生時，腦中卻是一片空白，覺得自己被無邊際的惶恐與哀傷籠罩著，我才知道所謂的「有心理準備」，竟是如此的脆弱！

　　父親是所謂的外省人，14 歲開始即隨著戰亂遷移，一別家鄉 50 年，再見自己的母親，已是黃土一抔，兄弟親戚皆兩鬢霜白，人事全非。以前我不能明白他總在夢中說家鄉話，醒來時淚濕枕頭的情景，直到自己赴美求學，才知鄉愁之重實無法承受。我也不能明白媽媽及我們五個兄弟姐妹是離家數千公里外的父親所有，氣他總在火車站接我回家時，要提早到，然後怪我由火車裡出來得太慢，因為中華民國的火車怎麼會有提早到的呢？所以每次見面他責怪我時，總會鬧得不愉快。直到我自己有了孩子，在校門口接他時，我總會提早到，更不斷地往校門口擠，希望孩子出來時，第一個看到的是我的臉，但等待與期盼的時間總是特別漫長，所以當孩子出來時，我也會不自覺地問：「**怎麼那麼慢？**」孩子總嘟著嘴說：「**哪有！我算很快的了！**」原來我也在複製父親的心情，那是一種多麼濃烈的愛，此刻的我，才真正懂了！

　　我是女生，卻一心想求學，但家中經濟能力不佳，於是我從小即需做各種手工及女紅，甚或工讀，父親總是要求我，自己選的路，自己要負責，以現代話來說即是「想要任性做自己，就要有做自己的韌性」，同時強調自己要想清楚所學的是知識還是生活；在我走進教育領域後，愈來愈能體會父親教誨的可貴，尤其現代人的慾念愈來愈高，能力卻愈來愈差，就如同現今大家學歷愈來愈高，治安、生活品質及心靈滿足感卻愈來愈差，其實我們要教的禮儀與責任感只在分寸間。我常常在思索，我們是在教我們的孩子 $2+2=$ ？一年有幾季？長江經過哪幾省？還是在教他們學習的態度及做最好的自己，上天賦予我們最大的權利，便是做自己，就算在做同樣的事情也會有不同的態度，懂得如何開發自己的潛能，擁有自信與快樂，才是人生最大的資產。

　　記得曾在網路上看到一個小故事：有一個年輕人一心只想成功，於是去找尋所謂傳說中能告訴人們成功祕訣的智者。他費盡千辛萬苦，終於找到這個智者。智者聽完他的所求後，便一臉嚴肅的要他跟著走，一直走到河邊，智者仍然筆直的往水裡走去，年輕人雖然心生不解，卻也只好一直跟著，智者卻突然將年輕人的頭壓入河水中，年輕人幾乎窒息，好不容易從智者手中掙扎出水，他真是氣壞了，於是大聲質問智者為何要這麼做？智者好整以暇的回答：「**你不是要問成功的祕訣嗎？如果你像剛剛要掙扎出水那般的努力，我相信你很快就可以成功！**」這是指，成功是唯一，而且不必思索其他人生價值的努力，然而成功的定義因人而異，是不是成功一定要這樣拚命？如果能將興趣與工作結合，是否成功之路會走得更順呢？所謂成功是得到自己想要的，但幸

福卻是喜歡自己得到的，隨著年紀漸長，我愈來愈能體會前述話語的涵義！

我覺得自己是幸運的，因我喜歡孩子，喜歡跟人相處，教室中認真睜大的眼，總能給我無限的感動與成就感，而我做喜歡的事，政府還付錢給我。但在與家長接觸的過程中，總覺得心焦的家長太多，喜歡比較的家長太多，但願意好好花時間在孩子身上，在孩子學習任性做自己的過程中，扮演他人生最重要的引導者，引導他有做最好自己的韌性者少。這幾年以來，在課餘因著這些理念陸續寫了一些文章，希望在集結成冊後，能獻給已在天上的父親，也能與所有願意協助孩子做最好自己的家長共勉！

孟瑛如

目　次

CoNteNtS

第一篇

不只愛　還要懂

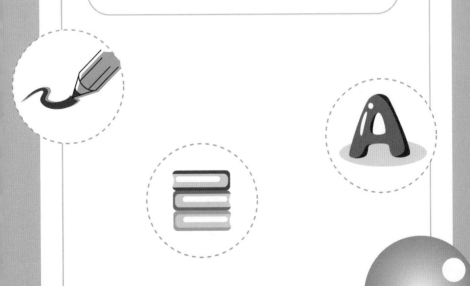

愛，就是讓孩子活得自在

　　那天在報紙上讀到，藝人周杰倫聲稱——如果時光可以倒流，他唯一想做的事是去找回外婆家走失的狗。如果他說的是實話，在單親的過程中，因著外婆及母親富足的愛，因著能做自己想做的事，他已無風無雨的走過，這就是幸福的人生，因為唯一的遺憾僅止於走失的狗。

　　但在另一篇幅上卻登著另一位女星的新聞，這位女星說他最愛自己的貓，總是買最貴的玩具給牠玩，找最好的店幫牠美容及做 spa，要辛苦賺錢幾乎都是為了牠，所以出門時一定抱著牠，不讓牠有一點機會自己下來走，免得弄髒身體。但，這是適合給貓的愛嗎？是否剝奪了牠身為動物的樂趣？貓就應該自由自在、跳上跳下，活得像隻貓，也許記者該訪問那隻貓，看牠是否快樂，是喜歡昂貴的貓玩具呢？還是只要五分鐘自由的撒野？喜歡主人時時刻刻呵護的抱著？還是寧願弄髒腳爪也要愉快的奔跑？這個比喻也許不當，但我真正覺得周杰倫的外婆及母親是懂得愛的人，而這位女星只是在滿足自己養寵物的夢幻想法。

　　這讓我想到有一次聽到一位孩子在跟母親吵鬧，他說他不要去補習班補習，母親不是低下頭問他理由，而是想也不想的回答他：「**為什麼不去？那家補習班很難進又很貴呢！媽媽花了很多**

力氣，別人想進還進不了呢！」也想到同事從小將孩子送到美國，自己辛辛苦苦賺錢寄過去，一心一意希望孩子將英文學好，將來光耀門楣！但孩子適應不良，時時刻刻想著爸媽，而我總是苦勸她要想清楚：「陪孩子享受童年生活，是千金不換的經驗，僅是為了學好英文，是有許多方法可以嘗試的，而且學好英文這件事，真有重要到值得孩子拿童年去換嗎？」

再想到，常常在商店中看到許多初進門微笑且自稱民主的父母，聲稱要讓孩子自己做決定買東西，卻總在孩子選擇後嘲諷或挑剔，最後拿起自己選的走向櫃檯結帳，還一面跟櫃檯人員哈啦：「他老是選不到好的！」在現今社會中，是不是有太多父母太過用力的愛，太過自以為是愛，讓孩子與自己在愛的過程中遍體鱗傷！

個案一：控制的愛

彥廷在國小即因家長覺得導師教學有問題，但學校又規定不得轉班，故而連轉了三次學。每次都是在未被告知的情形下即被通知收拾書包回家，第二天他會被迫站在另一個陌生的講台上，聽另一個老師說著：「我們現在來歡迎新同學……」，然後輔導室會找他去旁敲側擊地問轉學的原因，所以媽媽問他在學校的適應狀況，他愈來愈不敢說，深怕說了會再莫名奇妙轉學。但他沉默，媽媽就會到學校自己問，問了之後，老師跟同學會更小心翼翼的對待他，這讓他覺得需要更小心翼翼的對待老師及同學，就像一個外星人要努力包裹著自己，不被地球人認出，卻不知自己要在地球待多久，而唯一連繫窗口，知道他真正身分的媽媽，卻

怎樣也聽不懂他心底的吶喊，媽媽總是對他說：「童年只有一次，所以媽媽辭掉工作來陪你，我們有的是時間找一個好老師！」、「學校教不會沒關係，媽媽自己幫你請家教！」、「英語一定要學好，在學校也要多跟同學用英語交談，我們以後是要出國念書的！」、「媽媽這麼累，都是為了你，現在小孩要學的東西好多！」彥廷覺得自己的生活像活在金魚缸中的金魚，看起來自由自在，卻無處可去。其實他很懷念有一次颱風家裡停電時，媽媽隨便亂煮，不必顧慮營養均衡的麵，一家三口端著煮得如同餿水的麵，爸爸媽媽爭著講他小時候的趣事，那時他覺得做個獨生子真幸福；但平常他卻很渴望有人來分散爸爸媽媽無所不在的「愛」！

個案二：沉重的愛

正雄因疑似寫作障礙伴隨情緒問題而被送來做鑑定，因從一年前開始，他的作文永遠只有一句話：「**每逢下雨天，我就會害怕，我就一定要回家。**」導師問了也問不出所以然，他也不願意更改作文簿上的字句，所以就透過輔導室轉介到了我這裡。看著眼前因被送到陌生環境而侷促不安、雙手不斷絞扭、試圖找出一點空間自由呼吸的小男孩，眼前擺著他作文簿的我，嘀咕著：「這絕不會是寫作障礙，因寫作障礙不會在三年級時突然發生，是否家庭有什麼問題？情緒問題占的份量是否更重些？」經過一次又一次的圖畫治療與諮商誘導，孩子才終於說出：「我的繼父是打零工的，每逢下雨天他就會沒工作，沒工作在家就會喝酒，喝酒後就會打媽媽，所以我一定要回家保護媽媽，不然媽媽就會被打

死。」但跟媽媽溝通時，媽媽反而責怪孩子：「**媽媽被打也是為了你，你要吃飯上學，哪來的錢？你要過沒爸爸的生活嗎？**」「**媽媽被打也是為了你**」這句話彷彿重重的一擊打在正雄臉上，見他好像想爭辯，卻又硬生生將話吞回，整個臉因激動而脹紅。這樣的愛實在太沉重，沉重到孩子在作文簿的表達只剩一句話，但愛他的媽媽仍然看不到。

📖 個案三：無法放手的愛

　　這是一個奇特的家庭，一家三代都單傳，也都伴侶早逝，所以家中是由曾祖母、阿公、爸爸及惠生組成。惠生被學校疑為注意力缺陷過動症，因爸爸要上班，阿公當天有事，所以由年近90歲卻仍耳聰目明的曾祖母，帶惠生過來做諮詢。看得出曾祖母對大學校園很好奇，覺得大學教授應該無所不知，卻覺得自己的曾孫只是活潑好動，沒什麼大問題，因此交談沒多久，她就厭倦於回應我關於惠生在學校及家中活動情形的問話，反而很有興趣的希望談談自己的兒子，也就是阿公的問題。曾祖母用神祕且緩慢的語調堅持要告訴我一個祕密，並希望能聽我的意見：「**阮囝仔最近交一個女朋友，離緣的，說想要一起坐火車去環島旅行，按呢不就是要一起住旅館，又還沒結婚，一起住7天，今嘛的女人金是沒見笑！傳出去會被人笑死！（台語）**」這真是一個有趣的擔心，所以我也裝作很嚴肅的問她：「你兒子今年幾歲了？」曾祖母好認真的回答我：「**阮囝76歲啦！那個沒見笑的女人68歲啦！（台語）**」「76歲還會交女朋友，表示身體好、心情好啦！住在一起應該也不會出什麼事了，就算出什麼事，應該也表示他

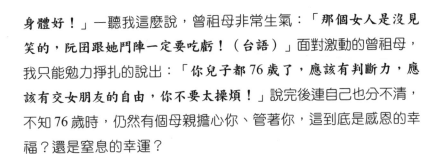

身體好！」一聽我這麼說，曾祖母非常生氣：「那個女人是沒見笑的，阮囝跟她鬥陣一定要吃虧！（台語）」面對激動的曾祖母，我只能勉力掙扎的說出：「你兒子都76歲了，應該有判斷力，應該有交女朋友的自由，你不要太操煩！」說完後連自己也分不清，不知76歲時，仍然有個母親擔心你、管著你，這到底是感恩的幸福？還是窒息的幸運？

控制的愛讓人窒息，通常充滿各種條件，你要達到某些標準與期望，才能得到愛，沒有所謂的無條件的愛。沉重的愛讓我們在惶恐中充滿內疚、自尊會消失，痛恨自己不能改變現狀，痛恨所愛的人執著於某些盲點，不能給我們無負擔的愛。而無法放手的愛讓我們一輩子無法做自己，總是做著父母的選擇，在無微不至、天羅地網的愛中，我們與父母過著複製的人生，常會在「說『孝』很容易，說『順』卻很難」的掙扎中，留下無數遺憾！

大家都說家是講愛的地方，家不是講道理的地方，大家也都告訴我們，天下無不是的父母，但愛就是愛，愛就是讓他活得自在，用他的方式來愛他。所以若不能用孩子適合的方式來愛他，站在孩子的角度去想事情、尊重孩子的成長空間，雖然孩子知道我們愛他，但卻不會真正快樂！大人看到孩子的不快樂，又覺得自己犧牲很多，就會想不通的更不快樂！於是就形成惡性循環，這就好像是一場沒有溝通好的棒球賽，投手與補手間沒有花時間好好練習與溝通，也聽不進別人的勸告，眼中看不見彼此，只用自己的方式將球丟出，對方卻無法接或是不想接，在漏接與暴投的過程中，很多人生的遺憾就發生了！

　　孩子生來的天賦權利，便是做最好的自己，我們應該好好協助他們試探自己的各項潛能，擁有屬於自己的快樂人生。而不是一直要孩子念好書、賺大錢、買好房、養好車，也許到老了，我們才後悔應該教孩子懂得自己做決定，擁有寧靜的心；畢竟要到一定年紀，我們才會懂得「廣廈八千間，睡不過八尺；飯菜三百碗，吃不過三碗」的道理，也才知道其實條條大路通羅馬，也才真正明白，為何有些人擁有成功人生之後卻不快樂，因為成功是得到自己想要的，但幸福卻是喜歡自己得到的，是一種生活態度，是一種感覺！那麼我們或許該早一點讓孩子學會做最好的自己，擁有知足感恩的生活態度，讓他們由一開始就掌握自己的幸福人生，而不是活在我們設定的標準與模式中，也不是為了成就我們此生所不能達到的夢想！父母與子女間的愛是親情，其實「情」這個字是形聲字，「青」是部件，代表「美好」的意思，所以「美好」的「心」才是「情」，美好應是讓人感覺愉悅，有自由的成長空間，有受人尊重的生活，被人用我們喜歡的方式愛，這才是無價的真快樂！

2 增加相處 不要增加要求
──談無薪假親子關係緊張症候群

「最近在來得又快又急，誰也料不到的金融風暴下，早上上班時間開車在寶山路時，不再動彈不得，害我總是太早到達目的地，覺得有些不習慣；偶而要上台北經過光復路時，亦一路順暢，北上高速公路的路口，也只要等一次紅綠燈就可以上，不必再看著紅綠燈轉換卻望著動也不動的車龍興歎，讓我懷疑自己是不是開錯路？早上在社區蹓狗時，突然發現，以往急急忙忙趕著送小孩上課的媽媽，用更匆忙的方式蹓著家裡的狗；而最近卻有愈來愈多動作笨拙的爸爸，牽著我熟悉的狗，在我不熟悉的時段出現。」

這些訊號點點滴滴都代表著，愈來愈少人需要趕時間上班，經濟蕭條的影子，連一向視加班為常態的新竹科學園區也感受到了，但是一向是受薪階級的我，其實對金融風暴的感受並不如此深刻。直到那天，在為一位輕度自閉症的園區家長做諮詢時，爸爸的眼淚，深深震撼了我！爸爸想把孩子送到機構作全天照顧，因他今年4月剛離婚，5月時原本照顧孩子的祖父母一起騎機車，發生車禍身亡；這幾個月來，他為接送孩子心力交瘁，所以想將孩子送往機構，我跟他解釋這麼輕度的孩子在學校一定可以教，不適合送往專門教導中重度障礙的機構，我們可以一起想辦法來

解決接送的問題，例如：找同校其他家長協助接送，或是參加學校中的身心障礙兒童課後照顧班，也可以由自閉症協會其他家長的協助，我一面講，爸爸的臉逐漸漲紅，淚珠在眼眶邊被極力忍耐著，終至一顆顆無助的滑落。因面對陌生女人落淚而羞窘的爸爸，與有些不知如何應對男人眼淚手足無措的我，構成了奇特的畫面，空氣彷彿窒息了，這時爸爸終於開口，卻讓我的眼淚也跟著滑落：「老師，你不要認為我不愛自己的孩子，我就是因為太愛他，才會在離婚時極力爭取他的撫養權；但現在經濟不景氣，我可能因要接送孩子而成為公司優先裁員的對象，現在像這樣看不到一張訂單的未來，我可能再也找不到其他工作，那我可能連孩子也養不起了……」

2008 年 11 月開始，短短兩個月內，除了身心障礙孩子的父母因受這波不景氣影響，而產生的各種問題讓我疲於奔命外，另一種奇特的諮詢問題開始出現，姑且稱之為「無薪假親子關係緊張症候群」。過往園區下班時間到，無人起身整理東西，視加班超時工作為常態的生活方式，所以新竹有各種奇特的教育機構，可配合園區忙碌父母的要求，例如：早上 6 點半開始可以送小孩，晚上 9 點半以前接即可，在幼兒園內老師可以幫忙孩子洗完澡，同時勾選宵夜單，以備接小孩時還未吃晚飯的家長可以填肚子。許多家庭中小孩的照顧工作都由外籍勞工或安親班代勞，老師常不知應跟誰溝通，形成最有時間陪伴的人卻沒有管教權的奇特教育問題。園區宿舍或是公司宿舍被稱為寡婦村，因為大家都很少看到爸爸；有些小孩會以為照片是爸爸，因媽媽每天都拿著照片

要他叫爸爸，結果真正見到爸爸時，卻因太陌生而大哭，甚至有些會因爸爸睡在他跟媽媽的床上而哭鬧不休，堅持要爸爸離開，所以難得休假回家的爸爸只好苦命的睡沙發。有些則認為爸爸住在電腦裡，因只能用電腦視訊系統看到爸爸，所以會告訴老師：「**我爸爸最近從電腦裡回來了！**」小朋友認為爸爸很奇怪，為什麼要住在電腦裡，因為這樣吹生日蛋糕的蠟燭都吹不滅。有些小孩則認為爸爸是鼓起的棉被，因生活時間表差太多，早上上學時，爸爸還在鼓起的棉被中睡覺，媽媽說不要吵，因為爸爸加班很累；回來時看到平坦的棉被，媽媽說不要吵，趕快吃飯，爸爸去加班了，所以只能以棉被的消長來判斷爸爸在不在。但在寡婦村中，大家就一年一年的過下去了，因為集體生活氣氛的治療，你的爸爸每天都 11 點才回來叫加班，9 點回家叫提早，假日永遠在補眠；看起來在親子關係的營造上，好像很不幸，但隔壁家的爸爸在上海，每 3 個月才能見一次，所以比較之下，便會覺得自己很幸運，因至少爸爸每天有回家。而至於爸爸在上海工作的家庭，只好找爸爸被外調到歐洲，每半年才能回家 10 天的家庭做比較，以尋求慰藉。寡婦群共同的玩笑用語是：「**我丈夫是裝飾用的！**」、「**我有結婚，但是沒丈夫！**」、「**就算感情不好要談離婚，也排不到他的時間談，所以只好過下去！**」、「**我們要聚餐還得跟他秘書約！**」

常覺得科學園區的爸媽，是犧牲自己跟小孩一起享受成長的無價天賜禮物，來換取有價的薪水、股票及分紅，家庭倫理及幸福企業的概念不能融入每家企業，是我在新竹教育界這許多年來一直的遺憾！我在保母學分訓練班中看到許多爸媽，把自己可愛

萬分的孩子送給保母24小時全天帶，生了他卻需花錢讓別人享受他的可愛，這可能是許多雙薪父母的無奈。園區公司請我在晚上8至10點到公司跟員工演講親子相處的重要性，為何一定要在晚上8至10點呢？因通常那時加班會告一段落，但我覺得自己根本不必去，因為如果家長那麼晚還不能回家跟小孩相處，那麼聽再多的親子相處藝術，也是沒用的，最好的方式就是能放父母回去跟孩子「相處」！

　　但最近因不景氣，許多公司強迫員工休無薪假，因此「住在電腦中的爸爸」、「鼓起的棉被」及「復活的寡婦先生」紛紛回家準備享受天倫之樂，我的理想好像因金融風暴的影響而提早假象的實現；但家庭的其他成員可能因早已發展出自己的生活型態，所以會與家中突然回歸的「最熟悉的陌生人」，產生許多磨合的問題。最近投訴自己因放無薪假，有空想好好教孩子，孩子卻不受教，導致每天大吵小吵不斷；原本以為自己天天在家，家人會很高興，結果卻發現全家人除了他自己以外，都有自己的時間表，沒人有空陪他，所有事也插不上手，而備感失落；有人想趁著無薪假再生一個小孩，因突然發現自己不知家中的小孩是怎麼長大的，但卻遭小孩冷嘲熱諷：「**不要再生一個來受苦！**」有人因在跟老婆小孩聊天時，發現他們似乎自成一國，說著自己聽不懂的事，開著自己無法理解的玩笑，也無法回應任何一件孩子小時候的趣事，為著東一句：「**你不懂啦！**」西一句：「**那次你不在！**」而沮喪到失眠；有人急切的安排了一大堆家庭旅遊，才發現孩子今年已經是國三，不願再跟他出去玩了；有人覺得還是上班好，在家中管教孩子比上班累。這些現象我統稱為「無薪假

親子關係緊張症候群」,也就是假期來得突然,心情上愕然,在很想轉移自己注意力的過程中,卻沒有站在對方的角度想;在只想扮演好腦中認知的好爸爸及好媽媽,希望增加相處時間的同時,卻無形中因著自己腦中的形象,而對周遭的人增加許多要求,這時緊張的親子關係就會出現了。

其實在休無薪假的同時,我們不要太急於轉移注意力,想要將小孩教「好」,想要彌補多年的愧疚;有些事就是因為太急,才會讓美意變惡意,有些事則是因為太主觀,才會讓分享變紀律。其實我們可以換個想法,只要能跟孩子好好分享每一天,已是一種收獲,因為現在經濟已經不景氣,工作可能不保,生活可能很鬱卒,但親子關係是天性,不要再讓我們失掉天倫之樂。難忘當時在報上,曾看過柴契爾夫人親手為孩子做三明治早餐的故事,一堆記者不解的問她,在日理萬機的情形下,為何不請其他人代勞這件簡單的事,她的回答也很簡單:「**因為我是他媽媽!**」其實我們只要和孩子好好在一起,做一些一直想做但沒空做,或者是一直想做但不知如何做的事,可以是一起做頓飯、安靜看報紙、關掉電視陪孩子打一場球或是玩電腦遊戲、邊走邊吃冰淇淋、換個燈泡、修理家具、幫狗洗澡、一起看個電視影集而不要催促孩子去念書、在孩子的部落格留言,幫他衝人氣、停掉一次補習去看展覽……等,就是只要陪伴,不要增加相處、增加要求。

多年的教學經驗下來,事後再跟學生聊起,他們記得的多半不會是我在課堂教的特教理論,反而是些共同生活經驗的分享與關懷;或是哪一次移師到大樹下上課,看見松鼠由眼前經過的悸動;或者是第一次我們一起在課堂教過工作分析法,然後一起吃

智障者利用這個原理訓練所做出的便當。所以，不要怕跟孩子相處，不要怕自己不是孩子心目中理想的爸媽，不要覺得自己不如所有書中所謂的「成功父母」，至少到老年時，我們不會後悔，因為我們曾真誠的付出時間與關愛，與我們的寶貝相處。這段時間會是一次轉機，因就算以後再回到忙碌的職場生活，孩子也會永遠記得，爸媽曾在那一段時間好好陪過我！

3 低氣壓中的放鬆

　　最近每天打開報紙、觀看新聞、會議訊息，甚至朋友聊天，幾乎都是壞消息，而且是幾乎不曾聽聞的壞消息！原在金融界工作的朋友很正經地跟我說：「**最近我每晚睡得像個嬰兒一樣，每小時都要醒來哭一次！**」念頭轉過來的時刻才知，這是樂觀的他從不曾有的悲涼自我嘲諷！我只能試圖喚回過往正向的他：「**你不是總告訴我，事情一定會過去，會忍耐且準備好的人才能擁有下一次大豐收嗎？**」

　　園區工作的朋友抱怨：「**誰發明無薪假這個名詞的？到底要怎麼做才對？有的就算放無薪假，還需自行到公司；有的則是名義無薪假，但規定須照常上班；有的則是放無薪假時，電腦會被公司鎖上，很怕哪天自己再也打不開；有的則是被胡亂調職，希望你自己辭職，公司可節省遣散費。你告訴我，我現在要怎麼辦？**」我只能拍拍他：「**多與管理階層保持溝通，瞭解公司的優先要務，想想自己如何能幫公司永續經營，而不是只有自己的存活，然後盡力做到你認為的最好即可，量力而為，盡力而為，在我們的能力範圍內盡力做好，別忘了你還有最珍貴的健康身體！**」

　　夫妻倆人分別是我在交通大學及新竹教育大學的學生，由美國回來想看看我，但一問近況，也讓我跟著難受：「**當時他們鼓**

勵我一起帶老婆到美國新公司就職，我就要老婆辭掉教職，帶著孩子到美國，一起工作之餘還可享受天倫之樂！但公司卻突然解散，我的房貸還沒付清，老婆也因回不去教職，生活又不好，整天沉著一張臉，現在還有點積蓄，但接下來呢？老師，您勸勸她嘛！」我要他們夫妻想想：「至少你們還有對方，還有親密的家庭，難關總是會過的！」

現職老師開學之初回來探望我時，會突然冒出：「老師，這次開學好可怕喔！我們班好多學生不是爸爸沒了工作，就是爸爸失業心情不好，把媽媽趕走了；還有的是只有媽媽有工作，結果媽媽現在也失業了，他跟阿嬤要怎麼辦？」我希望過往的學生能珍惜自己現有的工作與幸福，同時在盡可能的範圍內扮演孩子生命中的貴人，因孩子若沒了家庭，老師可能會是他另一個重要支柱，重要支柱的態度會對孩子產生重大影響，要讓孩子懂得在低氣壓中享受平凡的幸福，懂得教育是改變家庭階層流動的重要方法，懂得好好照顧自己及阿嬤，就是替媽媽分擔憂心勞苦，懂得適時開口跟別人求助及紓解情緒，是件勇敢面對情境的事，懂得再壞的事總有過去的一天！最後，我忍不住擁抱這個在我眼裡其實也是個大孩子的老師，希望他有足夠的智慧及耐心處理這一切，能將孩子的逆境與心境加以改變，能將別人視為破銅爛鐵的學生好好珍惜，這才是我眼中千金不換的鑽石老師！

更多家長在憂心工作之餘，還憂心孩子，孩子會感受家長的壓力與惶恐，也會問：「我們家會不會也沒錢？」、「爸爸你會被遣散嗎？」建議誠實的跟孩子討論家裡所面對的一切，會比隱瞞實情要更好，也可在這種情形下讓孩子參與家庭財務的規劃，

懂得如何摳錢過日子，伸手之前，先分清楚自己是「想要」還是「需要」！

在這波金融風暴中，失業者固然悲慘，但保住飯碗的多數人，也生活在近乎窒息的低氣壓下。2009年2月15日的中國時報報導：美國「行為科學研究所」發表的一系列研究報告顯示，在裁員風暴中倖存的人，心理陰影至少會持續6年以上，而如果是經過連續數波裁員的人，那種陰影會更加沉重。沒丟掉工作的員工會因角色模糊及工作負擔加重，而陷入沮喪性酗酒、健康變差、飲食改變、菸癮變大、工傷事故增加等問題。簡單來講，裁員對公司及員工來說，在情緒及實務上都有不良影響，而這種影響通常是長期的。然而，若讓這種負向影響長駐在我們心裡，就容易產生負向的自我應驗；認為自己一定不行的人，便會慢慢產生逃避心理，覺得不去嘗試，所以不會失敗，而忽視自己所有值得珍惜的特質及家庭，在日益增生的習得無助感下，選擇讓環境改變自己，而非自己改變環境。這樣的例子在我所工作的特教領域中甚多，這是為何有些身障者能成為生命的勇者，有的則一輩子無法享有尊嚴的生活。甚至我們現今認為最難纏的癌細胞，都可在經由設計的細胞奈米技術傳遞錯誤訊息下，讓癌細胞以為自己生了重病而自殺，進而達成癌症治療的目標。所以可以想像在金融風暴下，如果我們再任由悲觀的念頭傷害及侵蝕自己，那麼我們不只會賠上工作，甚至會賠上自己的全部！然而，多數人會問：「**在這種低氣壓下，我要如何才能放鬆，盡可能維持原來的自我呢？**」

我常認為，其實真正動手做一些事，就能改變生活中的低氣

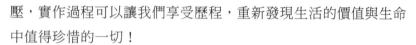

壓，實作過程可以讓我們享受歷程，重新發現生活的價值與生命中值得珍惜的一切！

1.放鬆的祕訣

以前沒空做的事，現在要去做，以前喜歡做的事，現在要多做；寫下自己喜歡做，而且現在能做的事，至少15件，貼在自己視線能及的地方，並試著找時間去做。其實我覺得，在想自己喜歡的15件事時，就是一件很快樂的事。像我就覺得吃是一種很廉價的快樂，因為有很多快樂是金錢買不到的，如果健康允許，我總是會找一些喜歡吃的東西慰勞自己，因為健康允許時，吃什麼都是「**只要我喜歡，沒什麼不可以**」，但健康不允許時，吃什麼就是「**只要我可以，沒什麼不喜歡**」；洗好澡後在床上安靜看報紙，也是一種極大的快樂，你可決定自己要先看什麼，不看什麼，不像電視新聞，常會有你不預期的新聞突然跳出，或你不想看的報導一直重複播放，這是10元就能獲得的快樂與控制權。

2. 告訴自己金融風暴是暫時的

如果抱持「這是暫時的」之正向態度，就能激發自己「忍得過就忍一時，忍不過就忍一輩子」的問題處理態度，告訴自己：「**一定要正向面對，別人可以拿走我們的錢財、我們的工作，但絕拿不走我們所受的教育及心靈的快樂！**」所以壞消息還是要聽，但不要成天聽，不然就會自己打敗自己！

3. 多運動保有健康

流汗的運動能促使體內分泌多巴胺，流汗運動又接觸陽光更能提昇血清素，這都有助於心情轉趨正向。高科技工作者長期在冷氣房內工作，時間就是金錢、速度就是市場、勤快就是服務，

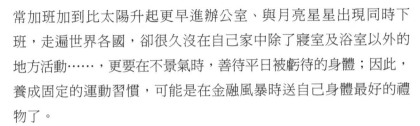

常加班加到比太陽升起更早進辦公室、與月亮星星出現同時下班，走遍世界各國，卻很久沒在自己家中除了寢室及浴室以外的地方活動……，更要在不景氣時，善待平日被虧待的身體；因此，養成固定的運動習慣，可能是在金融風暴時送自己身體最好的禮物了。

4. 多用心與家人保有親密關係

「職業我」、「親情我」及「愛情我」是組成生活的三個支架，其中「親情我」因為是不能選擇的，所以在心情療癒上占有不可取代的地位。不能選擇，所以不能談條件、列籌碼，所以我們常得到無條件的愛。要當世界第一名的CEO，難！要永遠獲得老闆的賞識，難！要持續利潤的領先，難！要當最有名的教授，難！但要當第一名的爸媽，容易！因為你沒有競爭者，只要我們多用心，就會是孩子心目中第一名的爸媽。有一次在幼稚園中，聽孩子大聲爭辯誰的爸媽及誰家最好，真是有趣極了！孩子甲說：「**我爸最高了啦！**」另一位孩子乙則不甘示弱說：「**我媽比妳媽胖啦！怎麼樣！**」孩子丙衝出來說：「**我們家蟑螂比你們都多，還會飛啦！怎麼樣！**」這真是正向欣賞家人，無條件愛對方的最佳示範！

5. 教孩子學會過生活，是送給他最好的禮物

經營一個家，有多少細節要照顧，可能是沒有親身經歷過的人所無法理解的。所以第一，當我們現在有空時，讓我們回家煮晚飯，也教孩子一起做家事，因為家事是一種生活技能，一件事能從頭做到尾，就是成就感，就是自信心的培養。讓我們一起吃晚飯，就算餐飲不好，也能享有朱子家訓中：「**家門和順，雖饔**

饔不濟，亦有餘歡」的平凡幸福。第二，則可讓現在習於當伸手牌的孩子參與家庭理財，讓下一代學會腳踏實地勤儉度日，才不會讓父母原要「養兒防老」，臨老卻要「養老防兒」。可以試著把家庭預算攤開，每個人都是一家之主，學習如何報稅，並打理一個月的食衣住行育樂等生活開銷，才能瞭解父母平常開門七件事——柴米油鹽醬醋茶，件件要錢，無錢萬萬不能的辛苦，也才能真正學會在消費上的取捨。

4 爸爸、媽媽回家煮晚餐、回家吃晚餐

　　之前政府強調，一定會推動營養午餐免費的政策，加上教育部的夜光天使活動提供免費晚餐，而有些縣市覺得，沒吃早餐到校的孩子很多，所以要推動免費營養早餐……。在選舉當道，討好民眾成為真理的情形下，似乎少有人再問：如果三餐都在學校吃，家庭很重要的一部分功能是否會喪失了？而在免費營養午餐政策排擠到教育經費之時，當學校 10 部電腦壞了 5 部沒錢維修；每月辦公雜費只有 3,000 元；圖書館裡的藏書需要用 excel 統計軟體的盒子來充當場面；知道校園霸凌及網路成癮的問題嚴重，小學卻沒有專門的輔導老師編制；教師員額控管，致使許多學校年年都須以代理代課教師充當正式員額教師作教學；資源班及啟智班設置不足，致使義務教育對我們多數有特殊需求的學生而言，成為無效的教學場所，形同被判了 9 年的有期徒刑，不得假釋……。

　　其實，對教育的投資，再多也不嫌多，尤其對台灣這種無天然資源，事事需仰賴高素質人力的地區而言。但難道，在現今教育資源普遍不足的情形下，「投資頭腦」會比「投資肚子」的重要性更低嗎？有需要的孩子，其實只要導師證明，即可免費享有

營養午餐，在此種情形下，真有必要將原已貧瘠的教育經費再切走一大塊，去辦不分貧富的免費營養午餐嗎？政府可以宣稱是因為人人免費，所以清寒孩子得以兼顧自尊，就如同美國紐約州的公立學校，就算大風雪也不輕易宣稱放假一般，希望清寒孩子能有尊嚴的到學校享用熱騰騰的一餐。前者表面上顧全了自尊，實際上卻造成了資源的錯置；至於後者則可能因小失大，讓全體學生的人身安全皆面臨暴風雪的威脅。當然，政府也可宣稱營養午餐免費並不會排擠教育經費，但在沒有看到經費來源的情形下，餅就只有這麼大，不可能有人切走一大塊之後，其他人的餅還是一樣大，這是違反常識的說法，也只會加深納稅人的疑慮。而政府也應好好想想，當今天我們選擇投入資源去餵飽肚子，若他日需要好的腦力及競爭力去做自己人生的社會階層流動時，是否會埋怨今日媚俗的政策呢？

　　而在政策規範下，學校漸漸取代家庭大部分功能時，我很希望家長們不要太快棄守自己的位置及功能，如果以後真有免費的營養午餐，我也誠懇地呼籲爸爸媽媽們，可以回家煮晚餐，全家一起吃晚餐，甚至全家一起做家事，重視全家一起吃晚餐的活動，甚至在排才藝跟補習課程時，都要盡可能考量到一起吃晚餐的因素，因為許多親密的感覺及千金不換的回憶，都是這樣來的！

　　我其實觀察到一些有趣的現象，就是如果除了午餐在學校吃外，孩子的早晚餐也都外食，家中根本不開伙的孩子，常會只認得食物的固定型態，例如：麵條上一定要有肉燥，燙青菜一定要澆醬油膏，湯只能是玉米濃湯或貢丸湯等，也常只吃外面餐廳或是學校營養午餐會出現的食物類別，例如：蔬菜只愛高麗菜及馬

鈴薯，肉類只能是豬、雞、牛。所以名字取得不好，怨恨自己為何不能叫做珍珠瓜的苦瓜、煮完賣相不好的茄子、極少出現的芥菜、沒見過的羊肉等，通通都會被孩子列為拒絕往來戶。而這種孩子，在新竹地區其實還滿多的，因父母都在園區工作，供應伙食已是各廠商的固定福利，所以爸爸媽媽會在外面吃飽才回家，而孩子則是由各安親班或是才藝班的車子接送去上各種課程，所以通常也是在外面吃飽才回家。大鍋菜通常能呈現的型態及選擇的食物種類，是有限制的，所以如果家中再全部外食，我們孩子認識食物的種類也會很有限、吃法會很固定、口味會較重，中華飲食文化的精髓也會因懂得欣賞的未來顧客之消失，而慢慢消失！

記得有一天在報紙上看到一則報導，學生向教育局反映學校買未成熟的「橘子」讓他們當午餐水果，所以「橘子」很難剝。教育局調查的結果，原來學校買的是柳丁，難怪很難剝！大家看完可能覺得是笑話，但在教育現場，這可能是見怪不怪的事。我曾遇過原本幼稚園上得好好的，結果卻突然發生拒學現象的小個案，原本我按一般輔導常理推論，先由是否家中有任何事情發生、同學相處及教師態度開始問起，因小個案口語表達能力有限，使得我費了很多勁，最後差點連遊戲治療的方法都要搬出來使用時，才聽她小小聲說：「我不要去學校，他們好殘忍！」一看機不可失的我，趕緊追問：「學校怎麼殘忍？」得到的卻是個如同亞森羅蘋推理小說般的答案：「他們這個禮拜要殺獅子！」再確認一次：「殺獅子，身上有毛，卡通影片獅子王的那種獅子……」（一面賣力表現出獅子的樣子），小個案泫然欲涕卻用力點頭。帶著滿腔疑問打電話問學校老師，實在有點難以啟齒，因

在新竹市這種連動物園裡都沒獅子，只有「獅子會組織」的地方，他們學校卻有保育類的獅子可以殺，而且還廣為宣傳到小朋友不敢上學的地步，實在匪夷所思！果然問完，電話那頭的老師一頭霧水：「**我們學校殺獅子……**」但她突然靈光一閃的大叫：「**會不會是我們這週午餐要吃的紅燒獅子頭！**」謎底揭曉，電話兩端的我們笑到無法控制，後來還真的是這個原因，讓小個案不敢去上學，所以緊急請學校撤換午餐的菜餚名稱，如「螞蟻上樹」改為「紅燒粉絲」等，否則不知道哪個小傢伙又會感到恐懼！也請老師們好好跟小朋友解釋一下，這博大精深的中華飲食文化！

另外，有一次到新竹市一所國小看個案，個案跟我告狀說，學校最近「常常」在營養午餐時，會準備腐爛的荔枝讓他們吃，所以同學都不敢吃，我聽完頗為疑惑，因要準備近 2,000 人吃的腐爛荔枝並不容易，而且還要「常常」發生，結果看了以後才知道——是大粒的龍眼，因為它大，又是咖啡色調，看起來確實很像是腐爛的荔枝，而這兩種水果的產季離得很近，難怪龍眼吃吃，突然換成荔枝時，孩子會產生疑惑！

而平常跟孩子分享吃的快樂感覺時，他們所提出的食物，幾乎千篇一律是麥當勞及肯德基等速食，對我所提的燒餅夾肉、紅燒魚、涼拌粉皮等，幾乎毫無回應。這不禁讓我想到法國人以他們的飲食文化為傲，在被速食文化大舉入侵的情形下，廚師協會擔心他們未來的顧客再也不懂得欣賞傳統美味的法國飲食，他們也就可能成為失傳的藝術，所以興起每位廚師劃分責任區，每月一次到當地的學校烹調一次傳統的法國飲食，並與孩子一起用

餐，採用培養未來客戶的心態去教孩子如何欣賞法國食物，企圖保留傳統食品的藝術！

現在的我們可能沒辦法馬上讓台灣的廚師協會有這樣的危機感，孩子也還會在學校吃大鍋飯的營養午餐，但我們可以從自己回家煮晚飯及吃晚飯開始做起！

因家常菜之所以為家常，是因為食物每次出現的面貌都不一樣，僅僅一碗麵，就可以有千百種組合，好吃是在父母的愛，是在打開冰箱決定今天要煮什麼，是在採購過程的細細思量中，是在烹調時呈現最好手藝的拿捏中，點點滴滴累積起來的！手藝是可以練出來的，就當成是工作之餘的另一種休閒，也要讓孩子同時加入，因對孩子而言，這是一種生活技能，同時吃自己有參與烹調的食物較不會偏食，以後也才會有人煮食物給我們的孫子吃。忙的時候可以買食物回家，但請儘量重新裝在自己家的碗盤裡，讓它看起來像是家人一起烹調的晚餐，不要省事省到為了不用洗碗，要孩子使用店家裝食物的塑膠袋吃。因孩子成長很快，可能家人間愈來愈因工作及學習的各種因素，而沒辦法一起吃晚餐，但消失了家傳拿手菜的味蕾及餐桌歡樂回憶的童年，會是孩子成長過程中很大的遺憾！而年紀漸長，日日盼望孩子回來共餐的父母，可能也會懊惱自己當時沒有掌握好機會。所以讓我們在還可以的時候，回家煮晚餐，回家吃晚餐！

第二篇

讓孩子
作時間的主人

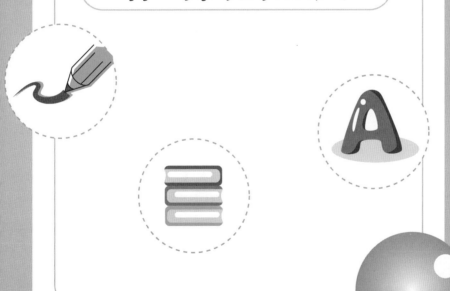

讓孩子成為時間的魔術師
——有限時間，無限應用篇

　　時間就如同空氣般一樣的自然與抽象，我們沒有一天能離開它，卻又好似無法掌握它，所以常需在時間過後，質問自己：「**如果時間再重來一次，我會……**」

　　許多家長覺得要跟孩子談時間管理，是件奇怪的事，好像這是大人或企業主才需要做的事，因為我們通常只要求孩子在校功課好、品行佳，在家乖巧聽話即可。然而能從小培養孩子時間感，並能做適度的時間管理，可能是孩子未來在學習及就業能成功的重要特質之一。多數研究結果發現，時間管理愈佳者，學業成就愈佳，國中與國小資優學生的時間管理，就比一般學生佳，且無論是大學生或國中小學學生的時間管理，與學業關係大多成正相關。學生時間管理的概念分為廣義與狹義，廣義包括學生如何有效組織、管理生活上的時間，不只是將時間用於課業，還用於其他非課業活動；狹義的時間管理為學生花費於學業上的時間。

　　一般而言，時間具有以下四種特性：

　　1.平等性：不論你是販夫走卒或是達官貴人，你的一天就是24小時，因此我們不能增長生命長度，卻可藉由時間管理，增加生命密度。躺著睡懶覺是一天，用心做事也是一天，所以如果能善用零碎時間或是做好流程管理，例如：每天念半小時英文，一

年便可比別人多念 182.5 小時的英文；而其他事情只要肯投注心力亦然。

2. 不可逆性：快樂也罷，痛苦也罷，時光總是一去不回頭，這是為何在時間管理上，我們希望孩子能把握當下。20 歲時享受 20 歲的美好，40 歲時享受 40 歲的快樂，我們的人生便會自在快樂。因時間的不可逆性，對痛苦的事則希望孩子能抱持著「忍得過就忍一時，忍不過就忍一輩子」的觀念，例如：大學指定考試的最後 30 天，覺得自己過不了而想放棄時，應想想，若現在放棄，可能後面還得再重新痛苦 365 天準備重考。或是父母在教養孩子上，我們要溫和但堅持，因若現在不能堅持去矯正一個壞習慣，我們可能便得忍耐孩子這個壞習慣一輩子。

3. 獨占性：時間是具有獨占性的，所以凡走過必會留下痕跡。若我們選擇在 2009 年 10 月 5 日全家共同出遊，那麼在人生歷程的 2009 年 10 月 5 日，便會永遠留下共同出遊的紀錄。所以在正確時間做正確決定，便會是重要的事，要從小讓孩子學會自己訂目標去完成，目標的訂立可以是由易到難，可以讓 6 歲的孩子決定每天一定要把自己換洗的衣服丟進洗衣機，也可以是每天一定要看至少 10 分鐘的書，養成訂目標並達成的習慣。同時讓孩子瞭解何謂正確決定，即是可協助你達成自己設定的目標，並在下決定後可公開接受讚賞且有愉悅感覺者，所以凡是自己決定做的事，便是日後可公開接受檢核的，是心安理得的。所以如果在未寫完功課前便先玩電腦，便會一直很畏懼爸媽來詢問自己功課做完否，那麼決定「先玩電腦再做功課」便不是好的決定；若先做完功課再玩電腦，不怕爸媽詢問並玩得安心，這才是好的決定。

4.重要順序性：時間雖是不斷流逝與到來，但每段時間在我們的人生上，有各自的重要性，賴床的 10 分鐘與考試前的 10 分鐘其重要性可能不同，懂得妥協與選擇，才能在時間管理上去安排時間的重要順序性，例如：如果陪孩子成長是自己的重要價值，那可能在工作上便會預做安排，而將親自接送孩子與陪他吃晚飯及寫功課列為重要事項，因為能在第一時間聆聽到孩子想傳達的訊息是件重要的事。當然在重要順序性的選擇上，總會有讓我們為難的時候，此時只要思考自己的目標與利多弊少的原則即可。有一次在跟一位園區公司工作的經理聊天時，他接到太太提醒他晚上 6 點半需回家幫孩子慶祝 10 歲生日的事，才 1 分鐘不到，他又接到有個重要客戶要求晚上 7 點半見面談訂單的事；他覺得該回去幫孩子慶生，因每次的生日他不是人在國外，就是另有工作，從來都是扮演缺席的父親，這次太太已再三提醒，同時孩子也很期待，但他也很想要這個訂單，覺得其實只是小孩生日，到不到應該沒關係，這時便面臨著時間重要順序性的抉擇了。我建議他可跟太太誠實告知自己的難題，將生日宴時間略提前半小時，跟客戶時間延後半小時，若可行，則兩者可兼顧。因若放棄孩子的生日宴，可能太太要跟他嘔氣一個星期，孩子會永遠記得這份遺憾，可能在時間管理上要花更多時間彌補，也有可能難以彌補；但失去訂單，也可能會是失去工作的先兆，故而此時便需妥協與選擇。

但孩子的時間管理，不需如我們大人般，全天從早到晚皆是分秒不浪費，因遊戲及空白喘息的時間對孩子的成長與學習，其實是很重要的；所以我們在前述時間特質下，僅需建議孩子做每

天的課業學習時間管理即可，這也就是運用我們在時間管理時最容易被引用的 80／20 法則。此原則是由義大利一位經濟兼社會學者 V. Pareto 於 1987 年所提出，他注意到 19 世紀的英國人財富與收益的模式，他發現在取樣中大部分的所得和財富，都流向少數人手裡。他並同時發現，某一族群占總人數的百分比和該人口所享有的總收入或財富之間，有一項一致的數學關係，並歸納出一個結果，簡單的說就是 20%的人口享有 80%的財富。所謂 80／20 法則，就是指把 20%的事情做完，就已經達到 80%的效果，也達到 80%的生產力。依照 V. Pareto 的觀點，是指一個特定的事物，或是特定的一個族群中比較多數但不重要的，占有 80%，而比較重要的少數，反而只占 20%。80／20 法則是一種思考法，可以運用在任何領域，包括生活領域，也涵蓋孩子在課業學習的時間管理。80／20 法則的重要要求就是自己必須思考，提供了一個不斷反省的啟示、如何下決定，以及一個不斷改進的歷程，必須依個人的情況目標訂出自己的方式，其思考法在於激發足以改變大幅生活的行動。

在 80／20 法則的理念中，說明了只要能夠把握住重要的少數（20%），那麼就能夠完成事情的大多數（80%），也強調如果找出關鍵的 20%加以善用，將會達到事半功倍之效，有限的時間可以做無限的運用，養成習慣後，孩子可以成為時間運用的魔術師。所以在孩子一整天的學習後，家長若能掌握養成低中年級的孩子每天至少一小時，高年級以上的孩子每天至少兩小時的讀書時間，對日後良好學習習慣的養成，必然大有助益。剛開始需要採取陪伴的方式，甚或原本每天回家即沉迷電腦的孩子，可在剛

開始時規定他們念多久書，才能玩多久電腦的方式來訓練，若都
不念書則不准碰電腦，週末假日可放鬆規則，採念書多久加倍計
算玩電腦時間的原則為之。關於具體實施方式及時間管理的十大
注意事項，將會在下一篇文章中討論。

讓孩子成為時間的魔術師
——時間管理原則篇

在全球化的趨勢下，我們的孩子處在一個不只要跟台灣未來的一代競爭，且要跟全世界競爭的狀態，這造成很多現代父母的焦慮，從孩子很小時就會幫孩子安排各種有益身心的活動，深怕孩子輸在起跑點，但卻常因矯枉過正使孩子厭惡學習而輸在起跑點。許多孩子在放學後要學三、四種才藝或做學科補習，形同每日超時工作，所以常會在才藝班中看到發火或是疲倦不堪的孩子；家長的心態又很矛盾，怕孩子不學會落後他人，所以形成我常在說的玩笑話——在台灣，可能有手指的孩子都會被送去學鋼琴或畫畫，有脖子的都要學小提琴。但若孩子真的決定要以某種才藝作為終身職業，例如：學畫畫學出興趣而決定未來要當畫家時，家長又會擔心當畫家的生活會很艱困而極力阻止。這是現今國小特殊才藝類資優班競爭激烈，但隨著進入國中、高中職，競爭激烈度會漸次遞減的原因之一。家長與孩子在放學後的對話常會是：

母：「作業寫好了嗎？」（一見到孩子就開口問）

子：「還沒！」（有點委屈）

母：「還不趕快去寫！」

（一個鐘頭後，小孩又出現在忙碌於家事的母親面前）

子：「作業寫好了，可以玩電腦嗎？」（熱切的表情）

母：「你評量寫了沒？」（瞪視）

子：「喔！」（腳步沉重地轉身回房間）

（約20分鐘後，小孩再出現在忙碌於家事的母親面前）

子：「評量寫好了，可以玩電腦嗎？」（熱切的表情）

母：「你鋼琴練彈了嗎？」（瞪視）

子：「喔！」（更委屈的表情）

（傳出彈琴聲，半小時後再出現在看電視的母親面前）

子：「鋼琴練好了，可以玩電腦嗎？」（熱切的表情）

母：「你英文背了沒？」（瞪視）

子：「喔！」（拉長聲音，非常絕望）

（傳出背英文單字聲，半小時後再出現在看電視的母親面前）

子：「英文背好了，可以玩電腦嗎？」（熱切的表情）

母：「你自己看看現在幾點？去整理書包準備睡覺，不然明
　　天又要叫不起來！」

子：「討厭！每次都這樣！」

這樣的對話幾乎天天上演，如果我們不懂得取捨，孩子怎麼
會有快樂的童年？如果我們不懂得抓住孩子的發展特質，我們怎
能陪孩子適性成長？如果我們從沒在每天留給孩子固定可運用的
自由時間，我們的孩子怎麼學會安排自己的時間？所以要掌握孩
子的學習特質，重點的運用時間才是。

前篇所述80╱20時間管理原則，通常建議人們把要做的事，
依事情的重要程度分ABC的順序，所謂「ABC優先順序設定法」
為：

A：最重要的活動、工作，非做不可。

C：最不重要的活動、工作，最好去做但是不需給自己太大壓力。

B：介於 A、C 之間。

所以如果今天決定要在家中將報告趕完，則趕報告這件事便會成為 A 順序，其他家事、買菜或是回 e-mail 則會成為 B 順序，中間若有人按家裡門鈴，一定要先去開門，則會成為 C 順序。因為大部分的人把 60%～70%的活動歸在 A 或 B，認為自己的時間不夠用，所以才需要時間管理。如果瞭解能以 20%的時間創造 80%的附加價值，才能心無旁騖，善用 20%的時間，使自己有獨特的表現，不受其他影響的雜事干擾。所以如果是前述母子對話的例子，那麼優先找出孩子的學習特質，配合興趣做時間的重點運用，而不是每樣才藝都要兼顧，不將別人家孩子的成功視為自己家孩子一定要有的成功特質，孩子較易有成就感，親子關係亦較易維持。因此運用於教育上，父母與師長只要能夠抓住重要的少數，設定目標做時間的重點運用，那麼在學習上的成就將會有立即可見的提昇。而要如何善用我們所設定的 20%時間呢？那就有賴於平時協助孩子做以下原則之訓練：

1.設定目標，並按照所設定的目標排定其優先順序。

2.遵守每日時間表，並利用時間表確定時間浪費的情形。

3.管理時間浪費的情形，以增加自由運用的時間。時間浪費可分為外在的時間浪費與內在的時間浪費，外在的時間浪費有聊天、發呆、不能抓住事務要求的重點等；內在的時間浪費則在自己不能說「不」、不能安排計畫、無目標優先順序、工作流程不

科學化、傾向拖延等。

4.有智慧的運用時間，以完成步驟一所設定的目標。

由以上四個步驟可知，時間管理乃經由設定目標、排定優先順序、遵守時間表、管理內外在時間浪費等過程，有效完成設定的目標。亦即時間的管理皆須先瞭解其所要達到的目標為何，再藉由一些工具與管理方法使其目標逐漸具體化。因此，會運用自己的一套方式使時間目標化與具體化，例如：可藉由備忘錄或時間表格的編製，來設定目標與優先順序及執行的時間。因為將時間具體化之後，將可以有效運用時間與排出事物的重要性，則可運用任何一項時間管理原則，故時間表格的設立與排序，就成為時間管理很重要的部分。

所以若是以前述母子對話的例子，步驟一會建議家長在孩子的時間、興趣及精力等因素考量下，可停掉某些才藝課，先依現階段的重點目標運用時間。步驟二則是每天回家先讓孩子根據今天一定要完成的事項，在聯絡簿上依事項大致先估算完成每件事所需要的時間，例如：國語習作甲本 32～35 頁，約需 20 分鐘可完成等，小一點的孩子可能需要用數字型的計時器，先在協助下完成每件工作的「時間感」培養，也就是孩子邊做，家長邊協助計時，再告知每次孩子完成的時間，以協助孩子漸能自己估計時間。同時家長若有另外要求的學習事項，例如：寫評量每科每天 20 題、星期一及三晚上需練鋼琴至少 20 分鐘、星期二及四晚上需加作英文作業等，也應在孩子用聯絡簿估計今天需投注的學習時間時，一併列入。有參與安親班的孩子可能在每天回家時，已將學校作業做完，家長僅需要其做另外要求的學習事項之時間估

算即可，盡可能讓孩子的生活規律，同時明確每天的學習及休閒時間，千萬不要在孩子學習情緒較好時，無預警的追加學習時間，除非他自己要求。步驟三為在開始執行步驟一、二後，協助孩子檢視時間浪費的情形，以增加自由運用的時間，在有自由時間做誘因的情形下，孩子的學習效率會愈來愈好，無形中就能達成步驟四的有智慧的運用時間，以完成步驟一所設定的目標。

就以上的例子，家長與教師在執行過程中，可能還是會對如何確立時間管理的步驟、浪費時間的原因、工作優先順序的排定方式、時間的規劃方式、預留時間的目的、妥善運用黃金時段，以及排定每日（週）的工作時間表等方式，在細節上不是很清楚，茲將應注意的原則與細節分述如下。

1. 確立時間管理的步驟

一開始使用時間管理前，要先設定一個明確的目標，唯有明確的目標，才能看到成功的具體果實。當設立特定目標後，隨即擬定達成目標的計畫，有了計畫就必須採取配合的行動，根據行動安排進程，分配適當時間在期限內完成目標，經過這一連串的計畫流程，將有助於目標的達成。因為一旦將抽象的目標轉換為具體的事項與明確的進度表單後，將有助於學生、老師和家長瞭解到目前的進度是什麼、下一步要做什麼，以及當還沒跟上進度時，要做何種處理。以下即為時間管理進行的步驟：

⑴明確目標的設立。

⑵去除不必要的外在因素。

⑶排定時間表。

⑷依成效做適當的調整，重複第 (1)、(2)、(3) 項。

2. 找出浪費時間的原因

再來就是找出時間消失的元兇。對於兒童而言，這是因人而異的，也許是因為注意力缺乏，也許是因為缺乏學習動機而造成時間的浪費等因素。針對這些因素，在使用時間管理的方法上，做些微的調整，將有助於孩童的學業成就。

3. 工作優先順序的排定

按照工作的內容，可依下列方式區分其優先順序：

⑴重要性：指工作完成後對目標的效益程度，效益程度高者，應優先處理。

⑵緊急性：具有時間壓力的工作，愈急迫的事要愈快處理，但緊急性因人而異；一開始，應由家長替學生決定何事緊急，應優先處理。

在協助學習障礙學生進行工作安排時，可將未來需進行的工作利用下面的時間管理表，進行工作優先順序的安排，以利增進工作效率。

時間管理表

日期： 年 月 日

優先順序			待辦事項
		1	
		2	
		3	
		4	

4. 時間的規劃

　　瞭解時間管理的步驟，且找出浪費時間的原因後，再來就是時間的排程及時間的量化，排程的過程如下圖所示，在優先順序的排定上，重要性高的工作活動優先於緊急性，應避免做些「看起來急迫，卻不重要的事」，以去除不必要的外在因素。

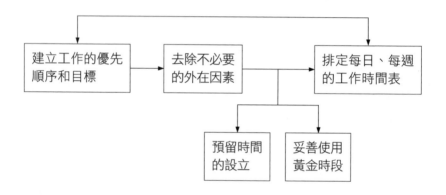

5. 預留時間

　　這是指做完工作活動後，要留下一段時間作為緩衝之用，因為世事難料，並非一切都能掌控，所以工作活動的時間就要有一定的彈性，以避免過於緊湊而造成孩子的心理壓力。

6. 妥善運用黃金時段

　　針對生理狀況妥善使用黃金時段，亦為時間管理步驟中應注意的事項。黃金時段的選取，可以藉由家長、老師在日常生活中觀察孩童，在一天之中將其學習活動效率繪成圖表，使家長、老師易於使用；因為孩童的差異性極大，所以適性的學習效率圖就特別重要；如下圖，我們知道在週末早上 9 到 11 點時，孩子的效

率最高,所以在這時段就可以安排少數重要的工作,以期能將重要的事情做好、做正確。

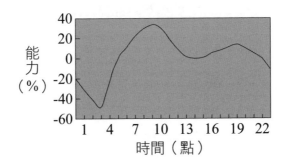

7. 排定每日、每週的作息時間表

依照先前的目標設定一個適合的短期目標(日、週、月、年),也可以配合老師的教案,做出對學生最為有效的時間表,例如:配合每日所修的科目,在上課時,老師將這次要上的重點先寫出或是提出來給孩童,當課餘的零碎時間時,孩童就能做一些課業上的重點複習,在晚上重新複習或是做作業時一定有所助益。

在下篇文章中,我們將討論在此原則下,如何執行時間管理的小技巧。

為孩子的成功找出路
——時間管理技巧篇

子：「時間又看不到，怎麼管理啊？」

父：「看不到的時間你都能管理，才顯得你厲害啊！」

子：「萬一管理不好怎麼辦？」

父：「就再試啊！反正時間就在那裡，不管理，它就溜掉了！
管理了，我們可能會過不一樣的人生喔！」

子：「會不會讓我很累啊！」

父：「就是要讓你做事有效率，比較不會累，才需要時間管
理啊！」

　　如何對抽象的時間進行管理，才能提高工作效率呢？時間管
理就是得從生活作息及工作開始執行，對就學階段的孩子而言，
時間管理的場域可分為作業時間、課業學習時間、測驗與評量時
間、日常生活時間等四項活動之時間管理，綜合前面幾篇文章所
提及的時間管理原則及時間管理要訣，以下將介紹具體可行的時
間管理策略，以協助就學階段的孩子進行時間管理。

1. 集中處理策略

　　分別將時間、進度與作業做集中處理的流程動作。

　　(1)時間集中策略：建議孩子依照課業的難易程度加以分配時
間，以「愈困難複雜的課業，分配愈多的時間」為原則，來設計

適性的時間集中策略。若孩子覺得每個科目都很困難,則可建議每天將時間集中,去做需要多花一些時間運作才能進入學習情況的結構性知識科目,例如:數學、物理、化學等,而將其他較偏組裝式知識科目,例如:英文、國文、歷史、地理等,採分散式擅用零碎時間的學習法,可每天利用下課時間、早上早點起床、上學通車時間、完成作業前或後等零碎時間,背五個生字或複習一段課文的方式。同時,時間集中策略也指,每天需有一段固定的念書時間,可選擇孩子易專心的黃金時段,如在晚上7點到11點間,不接任何電話或看任何電視節目,達到不被干擾進而有效運用時間的目的。同時家長也應配合,在週一至週四的晚上盡可能不外食,以免孩子跟著外食地點與時間的改變,而無法在預定時間開始念書,家長如果真的無法在家烹調晚餐,建議外帶食物回家吃,以我們能配合孩子讀書的起始與固定為主。

(2)進度集中策略:分為預習、複習與考前複習三部分。

a. 預習:由老師上次已教完的部分開始,做一課或一節的預習,可向老師要每學期的課程進度表,以安排預習的進度,或是由師長指派預習進度。

b. 複習:當上完課後,可利用下課的零碎時間馬上做重點的回顧,然後回家後一定要再複習一遍今天上課的內容以加強記憶;另外在睡覺前,可以冥想這一整天的過程。

c. 考前複習:考試前一週即應進入密集複習期,將考試科目的內容份量,按每日可執行量分成五天份,每日照表操課。考前兩天以略讀的方式將內容瀏覽一遍,將老師上課所強調的重點與自己認為的重點摘要提出來,配合

相關的作業做最後一次的複習。

(3)作業集中處理：分為「一次只寫一科」、「集中小作業，一次做完」。

a. 一次只寫一科：在一個時段內，只專心做一科重要並需要大部分注意力和用心思索的科目。通常可以與考前複習配合。

b. 集中小作業，一次做完：對於每天的課程進度，配合老師給予的作業題目將其一次做完，最好是在當天或隔天內完成，因剛學習完即立即複習，對學生的學習效果最好，同時可在時間運用上達到事半功倍的效果。

2. 避免衝動思考與固執行為

做任何事情，都需要三思而後行，避免事後修正的時間浪費；可以給孩子們一些指導語來幫助他們三思而後行，例如：「**先念再玩較輕鬆**」、「**辛苦在前面總比辛苦在後面好**」、「**忍得過就忍一時，忍不過就得忍一輩子**」、「**事情先做就不煩**」、「**永遠比別人多走一公里的路**」、「**事前準備好，事後不會慌**」、「**時間管理好，時間自然多**」、「**事前好好做一遍，勝過事後修三遍**」、「**凡能駕馭的，不讓它溜走**」、「**有目標就有機會心想事成**」、「**設定目標趁年少**」等。固執行為將會破壞自己所設立的時間表，便無法達成既定的目標，造成沒有有效的應用時間；這種行為可以由師長們陪伴其做活動與作業的方式來改善。

3. 強化與維持完成目標的動機

「兩端平衡法」的使用，可強化與維持完成目標的動機。此法係指，在紙上左邊記錄下目標無法按時做完的原因，右邊寫下

目標達成時的好處、優點。通常，左方只有一、兩個情緒因素，如：「感到厭煩」、「覺得無趣」等，但在右邊，將會列出許多好處，如：完成目標之後的成就感，或處理完煩惱事情的解脫感，這將有助於孩子想獲得成就感及解脫感的美好，而從倦怠感中清醒過來，能再度鼓勵自己追求目標的利益及優點。

4. 有效利用零碎時間

零碎時間是指大概在 30 分鐘以內的時間，可分為 10 分鐘以內者（下課時間）以及 30 分鐘以內者（早自習或中午休息時間）。

(1)10 分鐘以內者：對於孩子們而言，此時可以用來休息或複習上課重點，尤其對於注意力缺乏的孩子，10 分鐘仍在他專心注意的能力範圍內，若能馬上複習，對於學習效率將會有很大的幫助；若再配合集中處理策略，則可達到事半功倍之效。

(2)30 分鐘以內者：可用來處理每天例行性的活動，如：評估自己的日計畫是否達到。利用 80／20 法則，思考今天最重要的事情是什麼，如何安排優先順序並順利執行。

5. 物歸原位或分類存放

將常用的物品分類存放，或使用後立刻物歸原位，可以減少找尋所花費的時間，這可以增加孩子可利用的時間；雖然有些孩子因為記憶力與方向性方面的障礙，造成他不管如何都要花很大的功夫在物品尋找上，但是若能物歸原位，將會有助於他以後使用時，大概知道要從哪個地方開始找尋，而不會漫無目的的到處尋找。

6. 建立節約時間的習慣

時間管理主要是習慣方面的管理，孩子要有效的管理時間就

要先養成良好的習慣。孩子們透過師長的教導和指導語，而養成良好的習慣，將可以改善遲到或搞混時間的障礙，達到有效運用時間的成效。也可以是對孩子工作流程的檢討，改變流程與心態以提昇效率。

7. 正確的使用輔具或藥物

若能協助孩子妥善的運用輔具與藥物的配合，對於在學習及生活上是一個很大的關鍵，必能有很大的成效。有些家長會對注意力缺陷過動症的孩子，需服藥以增進注意力有疑慮，擔心藥物的副作用，但這正如我們感冒要服藥治療的道理是一樣的，家長可能需在藥物與喪失學習時間之間，做一抉擇。而輔具的使用就如同我們會用洗衣機來協助洗衣，所以洗衣機就是我們節省洗衣時間的輔具，有些孩子會因視力不良而需配戴眼鏡；物品歸類不良而需各類不同顏色的整理盒；握筆姿勢不良而需輔助筆；有閱讀困難而需報讀機一般。

8. 將複雜困難的事物分成幾個小部分來完成

進行複雜困難的作業活動時，若是將它分成數個小部分則可：(1)降低活動的困難度；(2)將活動實體化，有助於目標的完成；(3)逐一完成時，孩子對於自己總是「感覺」到不斷的進步，增強孩子的學習意願。對於較複雜的作業活動，孩子通常會有逃避或放棄的意念，若是師長們可以將這些活動作業分成數個小部分，那麼就可以增加孩子的學習意願；若是能將作業完成，對孩子的自信心將有所助益。

9. 建立不受干擾的環境

對於就學階段的孩子，若是在一個不受干擾的環境下，將有

助於他們的學習效率與記憶力的增加。因此建立不受干擾的環境，便能夠將時間效率提昇到最大。

10. 運用表格分析時間

運用表格記錄活動的時間，可以有效的瞭解自己的時間分配情形，將被浪費的時間找出來，進而增強孩子善用自己時間的能力。對於家長而言，利用此表，可以找出時間的殺手，再針對孩子的特殊狀況，做最有效的幫助，以達到適性的效果，例如：在表面上看起來，孩子的功課從 5 點寫到 10 點還未完成，但若經表格紀錄，可能發現孩子真正做功課的時間是不到半小時的。在此提供一個簡單的表格以供參考，時間長短的設定與分段，可依孩子的情形自行調整。

時間管理表　　　　　　__月__日

開始時間：

作業科目	時間	做功課	看電視	玩耍	喝茶水	走動	上廁所	其他
數學	5:01-5:30	☺						
	5:31-5:40					☺		

結束時間：

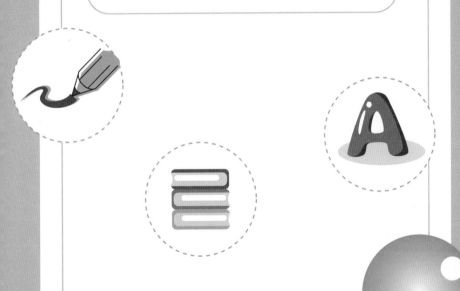

第三篇

讓孩子
作最好的自己

1 如何做個激發孩子潛能的 稱職父母
——教育目的與學習態度

　　父母良好的教養，是兒童發展與將來成就的良好基礎，故而父母要重視親職教育，才能充分激發孩子的發展潛能。「親職」顧名思義，是指父母的職份，「親職教育」則是強調父母親如何自我教育，以利教導子女的歷程，為培養父母親教育子女的能力，以形成其適當職份的教育。一般父母可以透過有關親職教育的書籍，或是教育輔導等親職教育活動，來增進為人父母的效能。對學校而言，家長在親職教育中所扮演的角色，為資源的提供者與活動的支持者；對家庭而言，家長藉由親職教育活動的參與，有助於家庭中親子之間的互動。親職教育的實施分為兩大部分：一為觀念上要有正確的認知與價值觀；二為做法上要有適性的教養方式與輔導策略。也就是給予子女合理的期望，激發其成就動機，不限制其發展方向；培養孩子明白受教育的目的、接納自我，以做最好的自己、享受學習以終生學習、提出問題即自行尋求解答的思考能力，這樣的能力會讓其一生受用不盡。

　　所以，在如何開發孩子的潛能上，我們可以分成以下四個部分來討論，本篇先討論教育目的與學習態度兩部分，下兩篇再接著討論接納自我與思考力訓練。

一、教育的目的是培養幸福的人

在教育上，提到教育的目的即牽涉到教育哲學的問題，也就是我們為何要送孩子到學校？我們的目的何在？依台灣現今義務教育普及率幾達百分之百的情形，可能我們每一個人皆送孩子上學，但卻從未深思，我們送孩子上學的目的何在？有的父母會說：「**因為大家都上學，所以他一定要上學，不然會很奇怪！**」有的父母會說：「**讓他學一技之長啊！以後才可以養活自己！**」更甚至我聽過：「**因為比保母費便宜，所以他一定要到學校！**」還有的說法是：「**我要上班，不然他要去哪裡？**」若是問孩子自己為何要到學校，多數孩子是一臉茫然，似乎我問了一個世界上最奇怪的問題，不如問蘇軾稱王維為「詩中有畫，畫中有詩」，或是五胡十六國是哪十六國等問題，還更有深度；而有的孩子會覺得這是一個可笑的問題，而回答我：「**當然是爸爸媽媽送我來的！**」、「**不上學會變笨！**」的答案。然而，孩子們由托兒所一路念至博士，可能要花25～27年，幾近人生的三分之一時間都在學校，卻不知目的何在？這不是更值得深思嗎？學教育的人會說得較富哲理：「**教育的目的是為了去除獸性，發揚人性，亦即去除感性，發揚理性。**」或者說：「**教育的目的是為了學習社會的共同遊戲規則，以成為守規則的遊戲參與者。**」

然而，以特教人的觀點來說，每一個人都是獨一無二的，教育的主體是學習者，而非教養策略、課程進度、環境設備、多元教材或是班級經營，故而對學習者本身而言，適性就是好。所以我總覺教育的目的，應該是要讓我們的孩子成為一個幸福的

人。幸福是一種感覺，在對照與主觀、失去與擁有的過程中，我們就能慢慢體會什麼是幸福！會說：「**能睡到自然醒是幸福**」的人，一定是常常覺得睡眠不足的人；會說：「**想要的東西就能得到，是幸福**」的人，可能常常需求不能滿足或曾經失掉自己非常渴望的東西；會說：「**平安就是福**」的人，也一定曾經歷現實生活的驚濤駭浪。

所以幸福可以以三個層次來論：(1)能自我控制：能控制日常生活中自己想掌握的部分，所以許多身障生幸福感會較低，例如：注意力缺陷過動症的孩子想控制自己的注意力而不可得；(2)能做好決定：有足夠的智慧去判斷並做出好的決定；(3)能自我負責：做出決定並執行，能自行為結果負責。故而以一個普通例子來論，如果我們想買房子，我們有能力自我控制時間、精力、交通等因素去看房子，是一種幸福；看房子的時候有足夠的智慧判斷房子好壞以及是否適合自己，是一種幸福；決定買以後有足夠的金錢支付或因應貸款，更是一種幸福。要讓孩子在日常生活中，擁有屬於自己的時間、空間及選擇的權利，藉由不斷的選擇與知識經驗的累積，去學習何謂好的決定，在分析利弊後，尊重其決定，以培養其承擔責任的能力。

開發孩子學習潛能的目的，不在於讓他進入名校或是功成名就，而在於學習潛能的被開發，使其人生擁有更多的選擇機會；明白自己潛能中的優勢，可以更有自信和能力面對問題；明白自己潛能中的不足，能以更實際、理性的態度解決問題。

二、享受學習的生活態度

這裡所謂的享受學習，非僅止於熱愛學校的學習，而是生活中處處皆學問，培養享受學習的生活態度。在農業經濟的年代，生活範圍是侷促與規律的，人們過的是線性人生，按照年齡發展的線性階段，20幾歲之前便應完成學業，接著便是結婚、生子、置產等依序進行，若是錯失某一階段（例如：未結婚）、階段重置（例如：再婚）或錯放（例如：40歲才想念書），皆會承受社會壓力，所以多數人都是一輩子待在同一區域，娶或嫁一人，做同一份職業。然而，現今在「世界是扁」的，每一個人皆須與世界的人共同競爭的概念下，我們已處於知識經濟的年代，人們過的是C型人生，在C的上面畫上許多橫軸，我們的每一階段皆有可能重複進行，所以可能會有數次婚姻、不同年齡的入學經驗、不同的工作，而在資訊科技是以近乎6個月為一週期的發展型態下，生活型態的變革更是日益加劇，故而終生學習的態度已是人人必須，所以若能從小培養享受學習的生活態度，會使孩子終生受用不盡。

我們要明白，孩子的學習風格雖是天生的，有的孩子會事先規劃，有的孩子總是要拖到最後一刻；有的孩子在學習上是愈夜愈美麗，有的孩子則是晚上9點一到，就自動上床睡覺。但學習態度卻是可教導的，我們可分三方面來培養孩子的學習態度。

1. 探索自我學習管道

在以往講求單一IQ，每一個人皆被要求用制式化的方法去學習，而有所謂正確的與錯誤的學習方法。在現今講求多元智能的

年代，沒有所謂的「對與錯」，而只有所謂的「好與壞」，在不妨礙別人的情形下，適合自己的即是好，所以有的孩子適合操作學習、有的適合用聽覺學習、有的適合用視覺學習，例如：有的孩子要一步驟一步驟實際做一次，有的需要反覆講解，有的則要採圖解的方式。我們可以藉由日常生活的觀察，詢問孩子是使用什麼方法學會這些事情，輔以學習理論，協助孩子找到適合自己的學習管道。尤其若能順應其先天的學習風格去做學習態度的指導，必然更能在事半功倍的情形下，協助孩子建立屬於自己的學習管道，有了良好的學習管道，才能充分享受學習的樂趣。

2. 善用學習輔具

　　我常想，如果古靈精怪的孫悟空活在資訊科技發達、網路無遠弗屆的現代，他應該就不會陪著唐三藏辛苦的去西天取經，而只會輕鬆的上網搜尋與下載相關經書。有好的學習輔具會讓孩子在學習上更有效率，學習層面更廣。電腦與網路是現今孩子應用最普遍的學習輔具，許多家長對電腦較無疑慮，然對網路則持較負面的態度；其實網路如能善用，便是現代孩子的學習利器。台北市少年輔導委員會於 2001 年時，即已針對青少年的網路使用提出「二要、三不」的宣言：

　　二「要」：

　　⑴家長要「多關心放心」：關心子女使用網路的情形、對於子女正當使用網路能多放心。

　　⑵親子之間要「約法三章」：約定如何正當使用網路。

　　三「不」：

　　⑴「不沉迷」：從事網路活動時，不沉迷其中而影響功課或

身體健康。

　　(2)「不露像」：運用網路聊天或交友時，「不暴露」自己的相貌及隱私資料。

　　(3)「不私下」：運用網路交友以不私下交往為原則，以保護自己與家人。

3. 良好的閱讀習慣

　　在現今的世界，我們是站在知識巨人的肩膀上前進，打開每一本書，就如同打開知識的窗，如同閱讀別人的人生，如同擁抱不同的經驗，也如同掌握成功的鑰匙。大多數人都知道閱讀習慣的培養，對孩子的重要性，所以我常遇到家長問：「**要怎麼樣才能讓我的孩子愛看書呢？**」我覺得，若家長自己能享受閱讀樂趣，家中有各式各樣的書，要孩子不喜歡閱讀也難；但若家長自己並不閱讀，而只單靠訂閱國語日報或是小牛頓等，要求孩子每天讀幾頁並詢問心得，想要孩子喜歡閱讀也難！所以閱讀環境的營造是很重要的，有了好的閱讀習慣與態度，孩子便容易養成學習即生活的態度。我曾經接觸過一個奇妙的個案，他是一位出身單親低收入家庭，且經鑑定的識字障礙孩子，通常識字障礙的孩子是極厭惡閱讀的，受限先天資賦缺陷的他，卻極愛聽各種有聲書，並與我們分享感想，見到他認真想讓大家聽懂他由剛剛的聽覺閱讀活動中所得到的樂趣時，我總是無法克制的感動！直到我見到他那擔任臨時工的父親，要他不准壓著報紙，因為上面有字；要他將資源班中每本書放好，因為書有生命；跟他擠在資源班角落，試圖花兩人之力去弄懂亞森羅蘋的故事時，我才明白，他那出身卑微，不能給孩子優渥物質生活的父親，卻正在營造珍貴的

閱讀環境，一點一滴地改變孩子的生活！

如何做個激發孩子潛能的稱職父母
——接納自我、活出自我

　　如何協助孩子接納自我、活出自我，也是激發孩子潛能的重要工作之一。人們由過往單一智力的概念到現今多元智能的概念，以往若是念到博士，則應智力面面俱佳，但現今人們慢慢能接受，其實資優與學障的特質是可以並存的。

　　一個人可以是日理萬機的企業執行長，卻可能是生活上的低能兒；一個人可能是數學老師，卻在買東西時殺完價付完錢後轉身就走，而忘了拿自己所購的物品；也有可能是精明幹練的校長，卻怎樣都沒辦法將車停進路邊的停車格；課堂上地理考 100 分，出門卻是大路癡的例子也所在多有。所以若是認清其實每個人都是瑕疵品，不完美是必然的，但也因瑕疵與完美的部分不同，所以每個人都是獨特的，我們便較容易接納自己，活出最好的自己。

　　故而現今所謂的智力，不再僅偏向學術智商，而較偏向人們解決問題的能力，所以智力應是一個人能有目的的行動、有理智的思考和更有效的應付環境的能力，包含了情緒智商的概念。在這種概念下，我們可以分五個層次來協助孩子從小開發屬於他們自己的潛能。為什麼要從小呢？因為能好好把握自己上半生的

人，通常就能好好掌握自己的下半生。

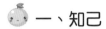 **一、知己**

　　我們要能瞭解自己、面對自己、正確表達，這說起來很容易，人怎麼可能不瞭解自己？然而，我們其實常忘了傾聽自我的內在語言，以及分析內在語言的潛藏真義，易接受他人或社會投射的形象，「忘了自己」或「扭曲自己」，去做一些違反自己潛能優勢的事。所以在與孩子溝通的過程中，要常常協助他做瞭解自我的價值澄清，以協助其傾聽自我的內在語言，並分析內在語言的潛藏真義。好的價值澄清問句，例如：「**有考慮過其他選擇（方法）嗎？**」、「**有考慮過可能發生的後果嗎？**」、「**好的決定一定是能公開接受讚賞的決定，你能讚賞（肯定）自己的選擇嗎？**」、「**你能明確敘述自己的實行計畫嗎？**」

　　在我們能瞭解自己及面對自己後，習慣委婉表達及隱匿自己真正需求的民族性，正確表達可能還是一門功課！就如同我們很愛小孩，當他晚回家時，我們明明是很擔心的，但見到他時可能是氣沖沖的臉加上一句：「**跑到哪裡去了？**」而不是：「**今天怎麼比較晚？媽媽很擔心呢！下次會晚到家，要先打電話跟媽媽說一下！**」孩子可能不知道我們的擔心及我們有多在意他，孩子也可能因做錯事害怕被責罵，在不知如何表達自己害怕情緒時，選擇撒謊、暴怒或是躲避行為，事後反而因未正確表達而引起更大的爭端。在臨床上也常有這類因無法正確表達而引起的誤會，我遇過妻子晚歸希望丈夫去接她，丈夫因手邊有事在忙，無法立即趕到而要她搭計程車自行回家，卻因以下的表達方式而鬧到幾乎

離婚，夫：「妳自己搭計程車回來啦！反正沒多少錢！」妻：「可是治安很不好呢！」夫：「妳那麼老了會有誰要呢？如果計程車司機真的看上妳，我倒貼他五百元！」也遇過相愛至深的老夫妻卻因不當的表達方式，而在我面前吵到不可開交，妻子其實因擔心丈夫有高血壓而每天早起榨果汁給先生喝，而先生則因擔心晨起天氣涼而想提醒太太多加件衣服，但說出來的對話卻變為如此，夫：「大人大種（台語）啊！妳起來還不知道加件衣服，不要感冒了又牽拖我！」妻：「要不是要弄果汁給你喝，我幹嘛要起來！你那種病如果中風，一下死了就好，不然要死不活才會牽拖全家！」

所以正確表達應要讓我們的孩子學習如何用「我」字開始的 I-message 表達方式，依自己的角色立場作正向溝通，明確陳述自身的需求或感受，而非選用易引起自我防衛反應的 You-message 溝通法。所以前述兩個例子如果用 I-message 的正向溝通法，例如：「我現在剛好在忙走不開，你可能要等半個小時，還是要叫無線計程車會較安全，號碼是⋯⋯」、「我擔心你會感冒，起來要多加件衣服！」如此一來，溝通效果可能會差很多！

二、律己

一般提到律己，總認為是種情緒壓抑，然而解決問題的方法，並非要求我們壓抑自己的情緒，而是情緒要宣洩，但須宣洩得當。心理諮商領域常會提到情緒沒有對與錯，是表達情緒的行為才有對與錯，所以協助孩子找尋可行的情緒管理或宣洩法，也就是找尋利多弊少的途徑去宣洩情緒，是從小就須注意的。剛開

始時，我們可以在孩子鬧過情緒之後，比較平靜時再找他談，請他自行分析剛剛的行為表達方式之優缺點，下次若再遇到類似情境時，是否有更好的解決方法？小學中低年級以前的孩子，可以用簡單的話語或是圖畫表達，高年級以上的孩子可以要求他們寫下來，以加深印象。

三、勵己

尼采的超人論中提到：「**身處順境中的人，才有悲觀的權利！**」故而一般人常會說：「**身處逆境中的人，沒有悲觀的權利！**」所以若現在眼前僅有一碗粥，只有已飽足或是平日生活優渥者，才會對粥的味道說三道四，若是身處困境飢餓不已的人，可能任何粥對他而言都是好粥，因為只有活下去才有解決問題的希望。故而在生活遇到困難問題的時刻，拒絕悲觀並鼓勵自己想辦法解決問題，是我們要常鼓勵孩子的！

諺語所謂「大難不死，必有後福」，我常覺得這句話應不是全然的描述機運，而應有更深一層的涵義；在大難中能存活者，可能較其他犧牲者有較健全的心智、堅強的意志與強壯的身體，故而能大難不死，經過磨練的身心靈，只要他能繼續努力，必然比別人要更容易頭角崢嶸，所以以「大難不死，必有後福」者能成功，可能努力與拒絕悲觀的成分要更多些！

所以若以前述的律己行為來說，小孩選擇獨自哭泣，哭當然是宣洩情緒的一種方法，但若是唯一方法，可能對解決問題缺乏正面效益，所以還是要回到勵己的層面，自助才能人助。而在鼓勵孩子如何解決問題上，認知性解決問題的步驟可能會是一種簡

單又有效的思考方式，其包括五個層次：(1)我現在該怎麼辦呢？(2)我需要列出所有可能的解決方法；(3)我必須從中發現較具可行性的辦法；(4)我必須做一個最好的選擇；(5)我做得如何呢？從這其中做一個最好的選擇時，可輔以理性思考訓練，也就是好的選擇是以第一層次的事實為基礎；第二層次能保護你的生活；第三層次能使你更迅速達到你的目標；第四層次能使你跟別人保持良好關係及防止人際衝突發生。

四、知人

　　前述的知己、律己及勵己三個層面，是較偏向自我的關係，但人是群體動物，在接納自己後，要能活出自我，可能知人與睦人層次會更重要。所謂知人，是討論人與人之間一對一的關係，最重要是要能培養感同身受的同理心，也就是在人與人相處時，能共享榮耀，也能分擔悲痛，能同時站在自己與對方的立場考慮事情，所以相處時能有自在感。我很喜歡「自在」這兩個字形容的感覺，是一種無入而不自得的舒適，能真正接納自己的人，在與人互動時能自在，能活出自我的人，必會讓與他相處的人覺得自在！

　　輔導上有些小方法可在家裡做，簡單又可訓練孩子的同理心，稱之為「空椅法」，家中可準備每個家人的名牌或是欲討論事件主角的名牌，要討論事件時將名牌置於椅子上，坐在哪張椅子上便須以椅子上名牌的身分用第一人稱，亦即以 I-message 的方式陳述感受或想出解決方法，例如：在家中兄弟吵架，我們可在家中兩張椅子上分別放上哥哥及弟弟的名字，要求他們先坐在自

己名字的椅子上，先以自己的身分陳述事情經過、感受及可能解決的方法；之後，再互換椅子以對方身分，但是第一人稱的方式陳述事情經過、感受及可能的解決方法，父母再協助做誘導與討論，但在協助做誘導與討論的過程中，我們要記得提醒孩子真誠傾聽的重要性。在現今社會中，每個人都能言善道，不停的說，卻往往沒人能真正瞭解對方，在溝通過程所散發出的訊息只是：**「我根本不想瞭解你，我只想說服你！」**但問題是，不瞭解對方，如何能說服對方呢？所以站在對方角度看事情會讓自己更具溝通能力，透過前述類似角色扮演的方式，可培養同理心及多元思考問題的能力！

五、睦人

所謂睦人，即是討論人與群體的關係，每一個人皆會隨著年紀的增長而扮演愈來愈多的社會角色，例如：在小時候，我們可能只是女兒／兒子、兄弟／姐妹、孫子／孫女、學生等角色，但隨著年紀增長，可能會增加丈夫／妻子、爸爸／媽媽、媳婦／女婿、工作職務等角色。睦人即希望我們能注意每個角色的要求，跟隨不同場合作角色轉換，便自然能達到人際關係的和諧，例如：跟爸爸說話的態度及可以要求的事，會跟可以跟老師做的不同。孩子及成人的痛苦，常是因我們不清楚在角色要求及活出自我中如何掌握分際，或是忘了隨場合轉換角色，例如：孩子回家期待的是媽媽，但身為老師的媽媽若忘了角色轉換，可能會讓孩子擁有 24 小時的老師，但卻沒有了媽媽；職業軍人的習性可能會讓父母過於要求孩子要絕對服從；警察的角色會讓爸爸回到家跟

子女溝通時仍像在問案。所以要常常提醒自己身處何種場合，以做適當的角色轉換。

有次在新竹科學園區某大科技場演講時，聽眾便針對這個主題提到婆媳糾紛應如何做化解的問題，每次提到這種問題總是千絲萬縷，頗有清官難斷家務事之感，因這形同兩個女人同時深愛一個男人，若男人不知如何自處，或是形同大小老婆的媽媽與太太，弄不清自己的角色要求並做好角色轉換，就會如俚語所說：「**你如果要讓一個人忙一天，你就勸他去請客；如果要讓一個人忙一年，你就勸他去娶媳婦；如果要讓一個人忙一輩子，你就勸他娶小老婆！**」但為了要讓身為科技大廠財務經理的提問者，明白媳婦的角色要求，我徵求現有兒子的聽眾說一說自己對未來媳婦的想法與要求，聽眾一陣猶豫後，便你一言我一語的說了起來：「**只要兒子喜歡就好！**」、「**只要對我兒子好！**」、「**會做家事！**」、「**脾氣好，人好相處！**」、「**可以像女兒一樣！**」答案中皆未提到賺錢能力、職務要求及幹練的特質，提問者慢慢明白當回到家是媳婦時，白天的精明幹練與賺錢能力可能不是這個角色的必要要求，跟婆婆告狀丈夫都不幫忙、數落丈夫缺點，更犯了「要對兒子好」的大忌！這也讓我想到，有一次有位音樂系的女教授跟我抱怨，她的鋼琴教學鐘點費每小時至少 3,000 元，她不明白婆婆希望她每週至少有一次煮飯並在家裡一起吃的道理，套句她的話：「**我煮飯、吃飯再加洗碗至少 3 小時，這樣不就 9,000 元了，9,000 元出去要吃什麼東西都可以！**」但婆婆的要求是一種角色要求下，對長輩的尊重。我提醒她千萬不能這樣將所有時間皆鐘點費化，否則以後小孩跟她說話也須收諮詢費，晚

上跟家人一起入睡，8 小時後醒來是否要跟丈夫收 24,000 元呢！
聽完我的回應，她也不禁笑了出來！

3 如何做個激發孩子潛能的稱職父母
——解答問題的創意

在前面討論了教育的目的、學習態度，以及如何經由接納自我、活出自我的情緒智商訓練來協助孩子激發潛能後，以下我們將討論思考力訓練對開發孩子潛能的重要性！所謂思考力訓練，我們可由兩方面來談：一方面是思考的方法，即所謂創造性和水平思考法的分野；另一方面則是解答問題的創意。

 一、創造性和水平思考法

我們一般人的思考模式常偏於垂直式思考，亦即想一個、否定一個，如同一條垂直線般，可能花一半時間在思考，一半時間在否定，例如：大家討論下班後一起去哪裡吃飯，可能有人提○○飯店，便有人回應：「**很貴呢！**」再提○○速食店，又有人回應：「**熱量很高呢！**」再提：「**叫Pizza來吃好了！**」回應：「**你少無聊了！**」最後主持討論的人可能不耐煩了問：「**到底要去哪裡啦？**」結果很多人可能會回答：「**隨便！**」這怎不令人為之氣結！

但若我們用的方法是水平式思考法，也就是平常所謂的腦力激盪，符合(1)自由聯想；(2)點子愈多愈好；(3)禁止批評；(4)評量

等四個原則,其中尤其要注意禁止批評的原則,這樣才能讓各種想法真正呈現。故而若是如前述的例子,其實我們只要讓大家暢所欲言的表達要去什麼地方吃飯,不在別人講話時任意給意見,最後列出評量標準,例如:大家一起出去吃飯可能需考量空間、路途遠近、價錢、口味、衛生等,最後依多數決做評量標準重要性的選擇,再去做刪除的動作,可能最後的答案是叫Pizza來吃,大家雖不盡滿意但卻能夠接受,因大家是在討論中明白選擇的標準。若是家長在家裡也能有開家庭會議的習慣,運用水平式思考法來激發孩子解決問題的潛能,小至家裡空間的分配,大至暑假要去哪裡玩,都可以提出來討論,這種決定事情的方法可以讓孩子有參與感,學會為自己參與的決定負責任,同時家人的感情也會更親密。

二、解答問題的創意

有人說創造心理學的精髓可以用一個字說明,即是「愛」,因創造性便是會跟眾人不一樣,但跟眾人不同是為解決問題,通常便須以愛為出發點;若是跟眾人不同是為了製造問題,便稱為搗蛋。

記得以前吃路邊賣的芋仔冰,是要拿家裡的碗去買的,那時就會有人在思索,如果吃冰時可以連碗吃掉或是可以有專門裝冰的碗不知多好,接著,我們的甜筒包裝及冰淇淋脆皮筒就被發明了;在覺得有線電話的線收藏很麻煩時,螺旋形電話線甚至後來的無線電話,便被開發出來了!以前在美國匹茲堡念書時,因該地區每年皆會舉辦世界發明展,留學生常會去協助台灣來的發明

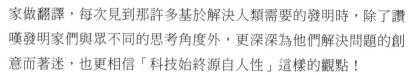

家做翻譯，每次見到那許多基於解決人類需要的發明時，除了讚嘆發明家們與眾不同的思考角度外，更深深為他們解決問題的創意而著迷，也更相信「科技始終源自人性」這樣的觀點！

所以如何讓孩子有創意的解決問題以激發其潛能，我們除了可以鼓勵孩子真正動手解決問題、多閱讀發明者的故事傳記、看有趣的電視影集，如以前風靡一時的「馬蓋先」影集，以及才剛流行過的「大長今」外，我們也可以用有趣的故事來誘發孩子的創意解決問題能力。這類故事其實還滿多的，茲舉以下兩個跟讀者分享：

1. 長頸鹿跟袋鼠在動物園中比鄰而居，但頑皮的袋鼠總是溜出自己的圈養地去玩，每次被捉回來後，袋鼠的圈養地柵欄便會被加高一些，以防止牠再往外跑。袋鼠不斷的溜出去，柵欄不斷的加高，有一天長頸鹿實在受不了了，牠很擔心柵欄再加高，牠會再也看不見自己的好朋友，於是便問袋鼠：「**你猜他們要把柵欄加到多高，你才不會再往外跑！**」袋鼠一臉無辜的回答：「**我也不知道，如果他們老是不把後門關上的話！**」

2. 有對感情很好的夫妻，丈夫有天因被誣賴私藏槍械而進了監牢，太太哀傷的寫信向丈夫抱怨：「**你不在家，會有誰來協助我深挖農場的土地好種馬鈴薯呢？**」丈夫的回信只有一行字：「**你千萬不要告訴別人，埋在我們家農場地下一呎深的東西藏在哪裡！**」收信當天下午便有警方大批人馬帶著機械來將農場裡裡外外全掘個遍！丈夫的第二封信又到了，也是只有一行：「**你現在應該可以安心種馬鈴薯了！**」

父母激發孩子潛能，通常也是希望能跟孩子的生涯規劃有

關，故而我們在希望孩子能接納自我，做最好的自己時，應該瞭解其實人的一生最大的特權，也是別人永遠難以剝奪的特權，這便是「做自己」！協助孩子思考「人各有材而不必是全材」的概念，升學並非人生唯一的目標。其實如果我們每一年問同一批孩子：「你將來的志願是什麼？」有的人會每年回答：「不知道！」有的則是每年更改自己的志願，有的人則從不改變他所想從事的志願，最後我們會發現，那群從不更改志願的孩子幾乎都能如願以償地進入他所希望的工作領域，並且會有較佳的成就與幸福感；因此父母應該指導孩子正確評估自己的潛能與實現自己的志願。我們要教孩子如何選擇他所愛，更要教他如何愛他所選擇，在孩子選擇自己所愛時，確認自己願意投下多少時間與精力，而一個虛幻的想法，卻從未投注任何時間與精力，可能並非我們的真正所愛，而只是一種依附他人或大眾意見的流行；擁有所愛後，我們願意投下多少時間與精力去維護所愛，也是我們該時時自省的。

　　好幾次在演講場合請聽眾寫下至少三個他們想達成的願望，聽眾會在這時振筆直書，覺得三個願望太少，但當我呈現第二個問題：「你曾為你的願望做過什麼努力？」時，大家便一片默然！例如：有些人多年以來渴望遊學，由年輕時沒錢，等到有老婆孩子時沒空，中間經歷了數年，夢一直在心中！但卻從未想過有計畫地為自己的願望存錢、善用零碎時間增強語言能力，或是檢視自己其實想要的只是自助旅行而非遊學！所以或許遊學對他的重要性及渴望度並非如此大，有可能只是跟隨潮流的想法！故而願望一直未實現，也是必然的！有人一直渴望有塊大農地，能蓋棟

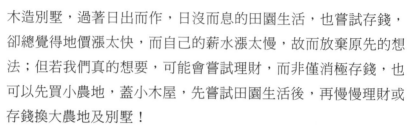

木造別墅，過著日出而作，日沒而息的田園生活，也嘗試存錢，卻總覺得地價漲太快，而自己的薪水漲太慢，故而放棄原先的想法；但若我們真的想要，可能會嘗試理財，而非僅消極存錢，也可以先買小農地，蓋小木屋，先嘗試田園生活後，再慢慢理財或存錢換大農地及別墅！

所以開發潛能的過程，若希望跟孩子的生涯規劃相結合，可能要試著先問問我們自己，我們一直想要什麼？我們為這個目標投下了多少時間與精力？是否給孩子一個如何選擇他所愛，如何愛他所選擇的好榜樣！再問孩子一直想要什麼？孩子曾為這個目標投下了多少時間與精力？要讓孩子知道，若是自己真正喜歡的，便會自然投注時間精力，故而開發潛能的目的是協助我們面對自己，瞭解優勢而善用，瞭解弱勢而實際，才能實現上天所賦予的唯一與生具有的特權——做最好的自己！

4 如何激發孩子潛能的創意對話

　　資優生的潛力是不容忽視的，問題是要如何讓資優生的獨特認知能力有最大的發揮，此時，資優生的社會情緒發展便不容忽視。教師或家長可結合資優生所具有的社會情緒特質，使其有正向發展，以減緩並調整其負向的發展結果。但要如何協助資優生調整社會情緒，避免其特質朝負向發展呢？資優生需要學習如何接納自己，欣賞自己和他人的相似及相異處，因此我們必須創造機會，讓資優生體驗自己是獨特的。

　　有些父母在得知自己的孩子是資優生後，常會一則以喜，以自己的孩子為傲；一則以憂，擔心自己不是資優父母，會不會在無形中擔誤了孩子的潛能發展。其實父母主要是在提供良好的支持環境以協助孩子發展，並不會因為一些小小的疏失就讓孩子變得不資優。有次在飛機上閱讀到一篇教育相關雜文，文中提到中東地區連年戰亂，教育者很驚訝的發現，經歷十年戰亂再測原先歷經顛沛流離生活的資優兒時，他們只是智力略為下滑，仍然呈現資優的特質，但若原先僅是績優而非達到資優的聰明孩子，則下滑明顯。所以只要在愛與信任的環境中成長，大部分孩子皆能充分激發他們的潛能，然而父母所能提供的學習支持環境，會因家庭社經地位而有差距，但父母子女間的對話方式與思考力訓

練，卻是人人均可做的。這幾年以來，我將威廉氏（Williams）原先提出的十八種激發潛能問題法，使用在訓練父母與親子做創意對話與教養策略中，藉由思考力與溝通訓練，可以很自然的將情意教育融入其中，使孩子學會接納自己，欣賞自己和他人的相似及相異處，也激發其學習潛能，效果良好且常有意想不到的樂趣，有心的父母可以試試看！可依自己的教養風格、能力及孩子興趣做選擇。

一、矛盾法

可以讓孩子體會，其實每種理論可能都是一種偏見，若能綜合所有理論，亦即綜合所有偏見，才有可能見到真理。就如同我們常會說：「一失足成千古恨！」卻又會常提到：「浪子回頭金不換！」但若一失足成千古恨就不會有浪子回頭金不換的可能，如此矛盾的對照，可以訓練孩子的邏輯，並強迫作多元考量，同時也能體會，人常會因時因地制宜而說出不同的話，例如：受到社會價值觀的影響，可能在社會中認為女子外遇即為一失足成千古恨，而男子外遇卻常會被說為浪子回頭金不換。其它常見的例子，如：「民主為少數服從多數」與「真理往往站在少數的一方」，如此服從多數人的民主政治是否為愚民政治呢？又如：「桂林山水甲天下」與「陽朔山水甲桂林」，如果陽朔也是天下的一部分，那麼在桂林山水甲天下時，其實已涵蓋陽朔在內，那麼陽朔山水就不可能甲桂林了。

二、歸因法

給予歸類的規則而要孩子自行舉例，以加強其歸納能力，例如：有什麼東西是白的而且是可以吃的，台灣的孩子會列出豆漿、豆腐、蘿蔔、米飯等，美國的孩子會列出牛奶、麵包、乳酪等，但食人族的孩子可能會列出白人，因為白人也是白的，並且是可以吃的；又例如：什麼東西上會有洞，並且是有用的洞……等題目，給予歸類的原則也可採慢慢累加的方式，讓孩子學習將歸類的範圍愈縮愈小。

三、類比法

將通常不可能被歸類在一起的物品或人，強迫歸類在一起，並要孩子說出他們可能相類似的點，例如：你跟你在教室裡坐的課桌椅有什麼類似的地方？通常這樣的問題，如果是問相異之處，孩子可以很快回答，但若問相同之點，孩子就會有遲疑的現象；但練習幾次後，他們便能歸納出一些原則。故而前述問題的回答可能是：「我跟椅子都有腳！」、「我們都受地心引力！」、「我們都是人製造的！」、「我們都在聽課，椅子可能聽得比我還多次！」、「我們都很專心聽課，椅子聽得比我還專心！」等。

四、激發法

將日常生活中可能發生的事情，請孩子講述發生時可能的處理方式，以訓練其隨機應變能力，例如：如果回家時，發現忘了帶鑰匙，聯絡不上爸媽，跟附近鄰居也不熟時該怎麼辦？孩子會

給予各種可能的解決方法，我們再協助其用「保護自己、避免衝突」等原則來檢視其提出的解決方法，有可能會發現，到住家附近的便利商店、社區警衛室或是警察局，會比蹲在家門口等爸媽回來要安全。在現今治安不佳，孩子又多數缺乏生活經驗的情形下，這會是在陪著孩子看電視或玩電腦時，可以玩的小對話，例如：對各類新聞事件或是連續劇情節的看法。

五、變異法

在問題情境中，撤除原有慣用的思維、工具或法則，要求其在缺乏這些要件下解決問題，以加強彈性思考能力，例如：在動物園中，我們若想知道長頸鹿有多高，在沒有皮尺、不能靠近、不能讓長頸鹿受驚嚇，而且這不是卡通影片中的長頸鹿，所以牠自己是不會開口告訴你身高的情形下，我們有什麼方法可以知道長頸鹿有多高？這時可能長頸鹿旁邊的建築物或是樹木，便會是一個很好的可參照相對之標準物，也可以觀察長頸鹿的陰影或是詢問動物園管理員等方法。

六、習慣改變法

檢視社會中舊有思維、約定俗成的概念或是做法等，在現今社會中的合理性，進而訓練孩子的獨立思考力，例如：舊有的「多子多孫多福氣」觀念，在現今社會養育孩子成本高漲的情形下，可能會變成是「多子多孫累死娘」；「在家從夫，夫死從子」的概念，可能會讓你得到一個完全無主見的配偶，連晚餐吃什麼都得詢問你的意見，在你未下決定前所有事情皆無進展，這種生

活可能也會讓家裡的男主人累壞了，而毫無幸福感可言！又如女性若仍遵從「大門不出，二門不邁」的規則，在現今社會中可能連誰要出去倒垃圾或是接送孩子，都得大吵一架！而且全國有幾近一半人口無相對教育水準，不能投入生產行列，恐怕正是國家積弱不振的開始！

🐱 七、辨別差異法

將相同的人、物或事件，以不同的標準、角度或時間來做檢視，以訓練其多元思考及包容的能力，例如：同樣事件在各報紙或是各新聞報導的處理方式、報導角度及重要順序排列。就如同在現今台灣人民在政黨傾向上常會淪於藍綠截然劃分，他們在報章雜誌、新聞節目及政論節目的選擇上，若還是選擇自己政黨傾向的看，則愈會激化自己的想法，等於是同一群類似屬性的人，每天藉由不同的大眾傳播工具相互取暖並凝聚共識，卻往往不能明白何以會有另一種言論的存在，人就會失掉客觀性與包容心。電影「教父」中，男主角馬龍白蘭度有句教導他的子弟兵如何在社會中求生存的經典台詞：「**靠近朋友的時候，要更靠近你的敵人！**」（Close to your friends, closer to your enemies!）如此才能知己知彼，百戰百勝。培養多元思考及包容的能力，可能是在現今社會中，我們能送給孩子最珍貴的禮物了！

🐱 八、重組法

將原先約定俗成的做法或思路，以不同方法重新組合，以因應不同情境來練習創意解決事情的方法，例如：玩大富翁遊戲時

是否買賣每個路段或是蓋旅館，皆需採用玩具紙鈔交換的方式來進行，我們可不可以規定買賣每個路段或是蓋旅館時皆用生字兩行或是五題數學來代替，所以孩子在寫功課或做評量即為累積財富，而且財富可以無止境製造，在提昇孩子寫功課的動機時，遊戲的樂趣仍然存在！又例如：台灣每逢連假，總是要經歷塞車、候補車位才能回南部過節的民眾，可不可以早做安排，請住南部的家人在連假時到北部度假，享受打折的高級旅館及幾近空城的大都會呢！

 ## 九、探索法

對一個問題做全面性的探究與檢視，有點類似陪著孩子做學校的專題研究，藉以教導孩子發掘問題與解決問題的能力，例如：食物放久了為何會變酸？彩虹為何會有七種顏色？人老了為何皮膚上會有老人斑等問題，藉由問問題來訓練孩子培養對於不疑處有疑的能力，並進而共同找資料、做實驗或是詢問教師等解決問題的能力。

 ## 十、容忍曖昧法

讓孩子扮演各種角色，並協助解決該角色所可能面臨的問題，以訓練孩子設身處地替別人考量的能力，例如：孩子抱怨班上秩序不好，可以請他假設若自己身為風紀股長時，會提出什麼樣的建議？再跟孩子好好討論這些建議的可行性，孩子會很驚訝的發現，因角色的不同，自己看事情的角度與思考的點也會不同。

在美國求學時，有次協助附近小學做實習校長日的活動，讓

我有機會完整見到孩子思考點的轉變，類似活動是學生會組成一個形同學校行政團隊的小組提出政見並參與競選，選上之後會有一整天的實習時間，原有的行政主管全退居幕後，僅提供輔佐意見，實習團隊必須分工合作讓學校運作一天。當次競選團隊提出三個很受學生歡迎的政見獲高票當選，亦即為實習日當天所有課程全改為遊戲活動課，每人發零食一袋，中午午餐加兩道主食並隨大家免費吃到飽。所以在前一天要進行實習日活動前，原校長即詢問實習校長一連串問題以便協助：「**若各班全天都上遊戲活動課程，請問場地要如何配置？若皆上遊戲活動課程，請問所有的教師是否還需全部到校？安全問題在維護上是否有所考量？缺掉的課程預計何時補上課？**」、「**若每人發零食一袋，請問預計的零食內容為何？經費要從午餐費用中支付嗎？**」、「**若午餐增加兩道主食又沒有增加經費來源的情形下，可能學期最後一周得刪減水果或甜點！**」見到實習校長協同幕僚群商議後，決定向全體同學解釋現況並修改政見承諾內容，最後修正為下午最後一節課前皆為正式上課，只有下午最後一節課改為遊戲活動課，所有教師均須如常到校授課並協助維持秩序，零食袋改為炸薯片一小袋或是巧克力糖 5 顆，午餐則維持原樣。在維持政見與現況考量間，可以清楚見到，孩子在解決問題中所呈現的思考點改變，相信對他們而言，是次很珍貴的學習經驗。

十一、直觀表達法

　　可以以看圖說故事或是動植物觀察等，訓練孩子的直覺觀察能力及表達能力。對於年紀小一點的孩子，可以僅要求一種直覺

觀察，或是將所呈現的故事圖片以不同順序重複呈現，請孩子依不同故事圖片的順序做不同故事的陳述。但對於中年級以上的孩子，我們可採英國波諾博士的六頂思考帽訓練法，融入情意教育概念於思考方式中，也就是要求孩子看每件事物時，可從直覺、客觀、優點、缺點、綜合、創意等角度皆想一想，例如：想瞭解孩子對自我的觀感，可以讓他們看著自己的照片，詢問類似：「**我是什麼樣的人？**」（直覺），「**我的朋友覺得我是什麼樣的人？**」（客觀），「**我有什麼優點？**」（優點），「**我常因什麼事被責備？**」（缺點），「**我喜不喜歡現在的我？**」（綜合），「**如果世界上每個人都長得一樣，會發生什麼事？**」（創意）。我們也可以將波諾博士的六頂思考帽訓練法改成多元思考事情的角度，例如：下一個決定前，可以思考「**如果努力之後成功了，我可以……**」（正向思考），「**如果努力之後失敗了，我可以……**」（負向思考），「**做這件事對我的影響是……**」（對自己的影響），「**做這件事對別人的影響是……**」（對他人的影響），「**做這件事對環境及社會的影響是……**」（對環境的影響），「**這件事如果不做，會……**」（如果不做，會有什麼影響）。

十二、發展調適法

　　所謂發展調適，即是指個人藉由省思自身成長過程以習得新經驗，進而建構未來成功的基礎。所以其常使用的問句為：「**如果我再重回國小生活，我會做什麼改變？**」，「**如果我重做大學新鮮人，我最願改變的是……**」，「**如果再回到昨天跟同學衝突的時刻，我會……**」，「**我可以做……，好讓每天的自己都進步**

一點點！」，「昨天做的決定，是否能讓我朝最好的自己邁進？」

十三、創造者與創造過程分析法

藉由閱讀成功者傳記或事件報導的方式，分析其成功的要訣，並進而內化成自身的生活哲學，例如：閱讀經營之神王永慶的成功史，可以明白他所追求的「效率」二字，其實不僅在企業文化上，也在自己的生活態度上，而如何建構屬於自己的效率生活，便是我們可以跟孩子討論的重點。其實分析每個創造者的創造過程，便如同閱讀他的人生，而大部分的成功者擅長在對的時間做對的決定，而且總能付諸努力，鍥而不捨。如何對自己做一個負責任的好決定並努力去做，是我們在引導分析的過程中，所希望帶給孩子的。

十四、情境評鑑法

協助孩子針對一個已發生的事件，就其發生背景與做法進行一個利弊得失的分析，以求鑑古知今，例如：(1)秦始皇焚書坑儒被評為殘暴；然其提倡「車同軌，書同文」的概念，對今日中國大陸能形成一個國家而非形同分裂成數個國家的歐洲，卻有其不可抹滅的貢獻；(2)王莽被評為事必躬親與案牘勞形，然而其能提倡廢除奴婢的理念，卻比美國林肯總統還要早上千年；(3)中東兩河流域文化與中國的長江黃河文化在發展上有其相似背景，然而前者以商立國，後者則以農立國，雖然有其地理環境及氣候的不同，然而前者游牧找水的觀念，後者則是致力於將水引到自家門前的概念，也可能是造成一個重商，一個重農的原因之一。

十五、創造性閱讀法

引導孩子以不同角度閱讀同樣文章、故事或報導，以激發其創意，例如：(1)愚公移山的故事可以是講述恆心與毅力的偉大，也同樣可以闡釋成任意破壞大自然會是土石流的由來原因之一；(2)「松下問童子，言師採藥去，只在此山中，雲深不知處」的詩詞，可以欣賞其文字之美與閒雲野鶴的生活，但也同時可以用來講述現今的環保概念，不得在深山任意挖掘藥材，否則即犯了盜賣國有財產罪的法條。

十六、創造性傾聽法

引導孩子用「心」傾聽聲音、音樂或對話，並用多元角度與其討論以激發其創意，例如：(1)著名的古典音樂「四季」，孩子除了注意音樂中四季的流動感覺外，還有其他特別的感受嗎？(2)家中的狗吠聲或貓叫聲，有不同的涵義與需求表達嗎？

十七、創造性寫作法

引導孩子用不同的角度或方式，來呈現類似素材或題目，以激發其創意，例如：(1)我們可將 4 張原本有邏輯性的故事卡，先依順序出現，要求孩子寫上一段小故事，再將其隨機排列，要求孩子寫出不同的故事；(2)可以限制起始句與結束語，如：「很久以前有個農夫……農夫是外星人」，中間的部分則請孩子至少要以 3 種以上不同的方式表達；(3)也可以改寫大家所熟知的童話故事，例如：白雪公主如果沒有吃下那顆毒蘋果，你猜故事後面會

如何演變呢？

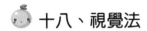 **十八、視覺法**

　　要求孩子用圖畫方式呈現抽象的概念。繪畫的能力近似人類的本能，故而可以善用繪畫的活動讓孩子運用平常較少用的表達方式，去呈現較抽象的情緒，其為較不普遍卻近似本能故而的溝通方式，因其少用故而可強迫孩子仔細思索，因其近似本能，故而可減少孩子防衛心理而以真誠方式呈現，例如：若要求孩子畫出「無言獨上西樓」的意境是較易表達的，可能大家畫出的皆是類似的長髮女子背對畫面，在開著小窗的閣樓上獨自面對深夜月亮的景象。然而，若是要求孩子畫出「寂寞」或是「嫉妒」等感覺時，孩子可能需仔細思索才能呈現畫面，一方面要符合視覺法激發創意的原則；另一方面可以在與孩子討論的過程中自然融入情意教學。

　　建議家長可在每日接送孩子途中、一起出去旅遊時，或是家中親子時間，玩這些遊戲效果會很好，同時小孩模仿後自行出題或衍伸出別的遊戲時，將會提高樂趣且出現創意驚人的情形！

第四篇

讓孩子先學作人再作男人跟女人

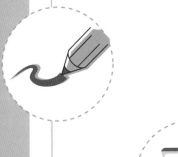

1 在談心中跟孩子談性

　　記得很久很久以前，也就是我所成長的年代，那是一個天是藍的、水是綠的、莊稼是長在地裡的、豬肉是可以放心吃的、談戀愛是為了要結婚的、孩子的爸爸是清楚的、未婚懷孕是不能說的、結了婚的是不能泡美眉的、網路一夜情是不存在的、寒暑假過後沒有墮胎潮的、三隻小豬不是成語的美好年代。

　　那時候最刺激的電影香豔鏡頭，是在流行的三廳電影裡，林青霞與秦漢將吻而未吻的那一刻，而都是電影的鏡頭借位，所以看不到男女主角四唇相接，「相濡以沫」的情形，但卻已夠台下觀眾陶醉不已！若有接近發生性關係的場景，通常只有兩種固定情節，一是約會當天下大雨，男女主角忘了帶傘（可能當時的男女主角從不看氣象報告，因為要專心談戀愛，或是雖知要下雨，但因談戀愛昏了頭，所以忘了帶傘；就像我到現在還是弄不明白，為什麼那些人可以整天到處玩，不必工作，卻有錢付華服美食），所以只好到男生家裡換衣服（一定是男生家，很奇怪的邏輯，而且女生一定要換上男主角的白色長襯衫），換完衣服後會突然坐到男主角床上，然後男女主角四目交接，鏡頭突然黑掉，下一個鏡頭便會是整齊圍著白被單（這是非常奇特的，當時哪個正常人家的被子是像旅館一樣會特別罩白被單的，但電影的男主

角家裡一定會有白被單），露出肩膀（這是當時最大尺度的螢幕犧牲）在哭泣的女主角，男主角會在旁面露內疚表情，囁嚅的說：「**我會負責的！**」然後只有這次性關係，就一定會懷孕，彷彿算好排卵期似的，畢竟在那個年代，墮胎不會是選項之一。所以最後一定會有女方家長出現，雞飛狗跳的場景，男女主角相擁對泣愈顯愛情堅貞。

第二種固定情節則一定是，男主角遇到打擊或是煩心的事藉酒澆愁，女主角在旁無怨無悔陪他，最後在又扶又抱送男主角回家時，突然被酒後失掉理智的男主角擁住（通常是在一進門的鞋櫃旁貼著牆），然後四目交接，臉部緩慢貼近，最後也是鏡頭一黑，下一個鏡頭後會重複上一種的固定情節——哭泣、負責、被發現、哭鬧、至死不移的情節。所以，以前「鏡頭黑掉」的那一刻，是很重要的一種性教育處理方法，觀眾彷彿知道發生了性關係，卻從不知真實性關係的過程，而我們也就這樣長大了！

以前的人可能 15 歲才性成熟，18 歲就結婚了，婚前也不太可能有什麼誘惑！但現在的孩子可能 10 歲就性成熟，卻到 30 歲還未結婚，一打開電腦就有各種色情圖片或是訊息，電影電視中都有可能出現完整或片段的做愛鏡頭。四年級、五年級，甚至六年級前段班的人，現已成為父母，但年少的我們成長在一個「性是禁忌」的年代，甚至我念國中時，老師還要求我們把國中第十四章談到性教育的部分，在一開學發下課本時，即用訂書機訂起來，但我們也就這樣長大了！

而在成長過程中，性教育幾乎是一片空白的我們，如今卻突然要教育可能已是心理學所謂的「有色情減敏行為」的一代，也

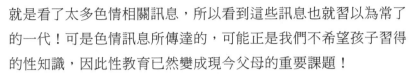

就是看了太多色情相關訊息，所以看到這些訊息也就習以為常了的一代！可是色情訊息所傳達的，可能正是我們不希望孩子習得的性知識，因此性教育已然變成現今父母的重要課題！

常常有人會問，應該在小孩幾歲時才開始跟他談「性」？事實上，這個問題本身就有點問題；也常有人說，我們大人平時不用講，等小孩發問時再回答就可以了，這也不是解決的好辦法。在對小孩進行性教育時，最重要的一點是要自他們尚未提出問題前，就應讓他們對廣義的性知識有基本的瞭解。如果有這一層功夫，相信小孩也比較不會出現偏差行為了。舉例來說，孩子在成長過程中一定會問父母，他是從哪裡來的？身為父母的你是如何回答的呢？因為不好意思說實話，只好編個故事告訴孩子，他是像孫悟空一樣是從石頭中蹦出來的？還是含含糊糊的說，是從醫院中抱來的？亦或是我們懂得抓住性教育的機會，告訴孩子，是從媽媽的子宮生出來的？當孩子問家長：為什麼男生與女生上廁所是不一樣的姿勢，你又該如何回答呢？講得多一點，自己會不好意思，講得少一點，怕孩子不信任家長，反而道聽塗說，吸收外面錯誤的資訊；也或者是仔細到請我們的小朋友從小上廁所要學會關門，帶著衣服進浴室洗澡，而不是洗完光溜溜的出來找衣服穿等身體隱私權的概念。教導孩子從小認識正確的性知識，真是當今父母與教師必修的學分了。

性教育是一個廣泛而完整的教育計畫，應由出生就開始，終其一生的進行與教育。性教育不僅教導孩子有關性方面的知識，更透過科學的知識與適當的教學方法，藉以培養健全的性態度，促進性別的和諧關係，引導個體生理、心理、精神、社會等方面

均健全發展的教育。性教育是配合孩子在不同的成長階段，教導孩子瞭解身體器官的變化與原因，以及在面臨變化時應採取的適當方法，讓孩子事先有心理準備，不致於產生焦慮甚或恐懼，例如：第二性徵的變化、夢遺、月經、性慾與性衝動、自慰、婚前性行為、懷孕、避孕、未婚媽媽、墮胎、性傳染病、同性戀等主題，均應透過適當的溝通，引導孩子進行討論與澄清，以減少因無知而造成的錯誤或傷害。我在臨床個案上就曾遇過，孩子因為相信做愛時在床頭放一個 5 塊錢，因其諧音為「無」，所以就可以避孕的事；當時的我只覺得啼笑皆非，因為這對小戀人除了性行為先進，性知識落後外，可能還需加強邏輯訓練，因為如果只在床頭放一個 5 塊錢就能避孕，那麼所有賣避孕藥及保險套的公司應該都關門了！

家長是青少年子女的重要他人，當青少年子女依附家長的程度愈高，就愈會尊重父母親所給予的相關意見，其偏差行為就愈不容易產生。若能加強家長與青少年的「性」溝通，也許能有效預防青少年婚前性行為發生；但其實在台灣，家長很少與青少年子女談論「性」的話題，也極少教導青少年子女有關夢遺、月經、手淫等性知識。造成家長親職性教育角色扮演甚差、親子間「性」溝通不佳的原因，此可能受到傳統社會文化對「性」觀念保守的影響，或是家長缺乏性知識，對於談論「性」感到尷尬不自在，不知該如何啟齒；也可能是擔心談了之後，子女反而會去嘗試性行為；有些則乾脆推給學校的老師，認為「性教育」也是學校該教的事。

馬克・吐溫（Mark Twain）曾經觀察到一個有趣的現象：一

個男孩在 12 歲時會開始尋找一個男人，做為一生中崇敬與模仿的偶像。對於男孩來說，父親是他們最重要的角色模範，他們心中都有最深沉的渴望，希望能愛他的父親，也為父親所愛。母親則是男孩第一個接觸的親人，孩子會從母親的態度與認知中感受男性的角色。母親是否溫柔、尊重他、願意陪他玩、給他自主，都影響一個男孩對異性的認知。女孩學習與父親相處的關係，影響她成人後與各種男人（如情人、配偶、朋友、老闆、同事）相處的能力，這種早期的夥伴關係，也會影響到她在性別、創造力、精神生活及能力上的表達。女兒從她們與父親的互動中，學習到許多女性特質的觀點，例如：她對性別的自覺、在男性社會中該如何表現，以及對男性的期許，這多是學習自她和父親的互動中。母親的溫暖、關懷有益於女孩高女性化特質的發展，母職的扮演又激發溫慈包容等特質，母女連帶情誼是女性情誼的最初形式。所以良好的親子關係是成功性教育的第一步。

　　同時父母都應有親職性教育的認知，不避諱地跟孩子討論性的相關話題，從小就建議用正確的性名詞跟孩子溝通，例如：可以用「生殖器」時，就不用「小雞雞」、「小弟弟」或「大老二」等名詞，溝通的過程大概可以配合國小階段，以⑴提供正確的性知識：包括成長與發展、人類生育、人體構造、生理學、家庭生活、懷孕、分娩、親子關懷；⑵培養正確的性態度與價值觀：提供兒童思考、探索及評估自己性態度的機會，藉以發展其價值觀，並發展對性別關係的洞察力、瞭解自己應有的義務與責任；⑶發展良好的人際關係與溝通技巧：協助兒童發展促進良好人際關係的技巧，包括：溝通、判斷、做決定、拒絕同儕不良影響的

技巧及建立良好人際關係的能力；⑷建立負責任的觀念與行為：協助兒童思考有關性關係的責任問題。

國中階段則以⑴認識第二性徵的意義：包括男女各種生理變化應注意的事項；⑵兩性生殖器官的構造與功用：包括認識男女性生殖器官的構造與功用；⑶生理衛生與保健常識：包括如何保持身體的清潔、維護性器官清潔及各項生理反應的處理；⑷建立與異性正確的交往態度：瞭解什麼是適當與不適當的行為與男女兩性相處之道；⑸建立正確的性道德觀：其中包括適當處理自己的性需求、瞭解性騷擾及性侵犯的意義等；⑹家庭教育：瞭解親子之間的關係與衝突、家人之間如何產生良好的互動並一起坦承面對健康性教育等為主。

※寒、暑假期小叮嚀

適逢假期，如果家中有進入青春期的孩子，你想跟他談談性教育的話題，又不知如何開口，可採用智取的方式來讓孩子自然而然瞭解性，例如：許多人都習慣上廁所時看本書，這時可在廁所內放置有關健康性知識方面的書籍，孩子自然會因好奇或無聊而去閱讀，便能自然達到教育目的。

寒、暑假是與網友見面的高峰期，親子間要約法三章：

1.「不沉迷」：從事網路活動時，不沉迷其中而影響功課或身體健康。

2.「不露像」：運用網路聊天或交友「不暴露」自己的相貌及隱私資料。

3.「不私下」：運用網路交友以不私下交往為原則，以保護自己與家人。

除此之外，下列幾點是網友見面前，可建議子女的具體保護措施：

1. 應慎選網站風格才進行交友，勿輕易進入情色網站。

2. 不將自己的電話、住址等相關資料告訴對方。

3. 平日在網路聊天時，可針對對方提出的資料或看法做事實性的細節瞭解，例如：對方說他是某大學某科系學生，可即時詢問其平常修什麼課、老師姓名等，再自己上網查證。

4. 不輕易答應與認識不久的網友見面。

5. 若決定要見面，應多方打聽對方，並最好主動先用電話交談一陣子（可用公用電話打，不要留自己的電話號碼），藉此更瞭解對方。

6. 若相約見面務必選在白天，且地點為人多熱鬧之公共場合。

7. 見面時注意自己的穿著不要暴露。

8. 一見面後應立即打手機或電話，告知家人或親朋好友自己目前所在的位置。

9. 見面期間不要飲用對方給的開封飲料，一離座後再返回時，飲料也不應再食用。

10. 見面前務必告知身邊可以信任的人，自己正在交往的網友對象，見面時最好有其他人的陪伴。

 男孩女孩一樣？不一樣？

　　接續前一篇如何與孩子談性的主題後，這一篇我們會先聊一聊性教育的基礎，也就是「性別平等教育」，能有性別平等概念——先作人，再作男人女人的概念，才能深入討論性教育的內涵，所以後續幾篇我們才會接續談到幼兒期、學齡兒童及青少年時期的性教育，以及每個時期較易遇到的問題。

　　遇到別人家中有了新寶寶，我們總是迫不及待地問：「**男的？女的？**」得到答案後，一般人總會再根據自己的認知、經驗與社交技巧加一些評論。男生女生到底一不一樣呢？每個有當父母經驗的人，聚在一起總有講不完的父母經，有的人說男孩女孩要擔心的事情實在大不同，有人說何必限制那麼多，因為男女本就平等。我覺得，男女在生理層面當然存在著性差異，也就是所謂的「不一樣」，但在社會文化建構的性別差異上，應盡可能求其平等，也就是所謂的「一樣」。社會建構的性別差異刻板印象，是造成性別表現與發展的重要影響因素之一，例如：男性／女性可以做什麼或應做什麼的概念，往往會限制兩性未來的發展。

　　記得以前曾在一個有趣的國小測驗上，看到這樣一個題目，是一個四格圖畫的單選題，請小朋友在四個圖畫中選出一個最正確的圖畫情境。第一個圖是爸爸看報紙，媽媽在煮飯，小孩跟狗

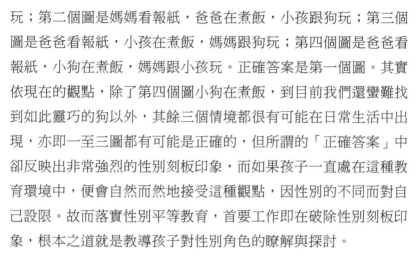

玩；第二個圖是媽媽看報紙，爸爸在煮飯，小孩跟狗玩；第三個圖是爸爸看報紙，小孩在煮飯，媽媽跟狗玩；第四個圖是爸爸看報紙，小狗在煮飯，媽媽跟小孩玩。正確答案是第一個圖。其實依現在的觀點，除了第四個圖小狗在煮飯，到目前我們還蠻難找到如此靈巧的狗以外，其餘三個情境都很有可能在日常生活中出現，亦即一至三圖都有可能是正確的，但所謂的「正確答案」中卻反映出非常強烈的性別刻板印象，而如果孩子一直處在這種教育環境中，便會自然而然地接受這種觀點，因性別的不同而對自己設限。故而落實性別平等教育，首要工作即在破除性別刻板印象，根本之道就是教導孩子對性別角色的瞭解與探討。

美國繼 1964 年通過禁止種族歧視的「民權法案」後，在 1972 年的「教育修正案」第 9 條，是世界上最早提及性別平等教育的相關法案，所有的學生，不論性別、社會階級、族群、種族或文化特質，在學校中應享有相等的學習機會。而其 1974 年的「女性平等教育法」、1976 年「職業教育修正案」，都有性別平等的相關論述；1985 年聯合國則發表消除所有對女性歧視公約，由此可知，性別平等的觀念已逐漸被大家所重視。所以從多元文化教育機會均等的理念來看，性別平等教育是希望透過「教育」，使每個孩子在學校及社會中，皆能在公平的立足點上發揮潛能，得到均等的受教機會，期由教育上的性別平等，促進個體在社會上的機會均等，以達成落實性別平等教育的真諦。過往是農業經濟及工業經濟時代，需要依賴體力勞動，故而重男輕女變成一種固定的傳統觀念；然而現今為知識經濟時代，大家比的是腦力，男女的界線便也益形模糊，同時也能體認，若因男女之別，而對女性

在發展機會上做出限制，那基本上便限制了社會一半以上的生產力。

過往的女性主義者基本上模仿男性之剛強，做男性裝扮以求解放的姿態，如今較不復見，現今女性較能體認生理上的不同，而在社會建構的性別印象上求取平等。性別平等觀念大概可分三種意涵：(1)不因性別不同而有差別待遇或受到不當的限制與歧視；(2)不意味任何事均由男女兩性各分一半，應各享其利，各負其責；(3)要突破性別角色的刻板限制，創造兩性和諧環境，建立互尊、互重、互諒、互助的和諧社會。

所以現今在社會上，我們可能較歡迎的是所謂的中性人，傳統刻板印象的性別限制對其無效，其可依據自己的潛能與興趣發展屬於自己的生活，做最好的自己，兼具男女兩性的優勢，例如：學會烹飪是一種生活自理技巧或興趣，而不是因為我們是男性或是女性；當空軍開戰機是一種職業選擇，只要能力得以勝任，不論男女皆可從事。所以為何前面說到，性別平等教育是性教育的基礎，性教育可以談到男女兩性在生理構造上的不同，然而在教育意涵上應是平等的主體，現今許多性教育皆偏重於討論男女生理構造、性關係、避孕等，但若不能體會性別平等，可能我們便會呈現許多似是而非的概念。最常聽到的似是而非的觀念，例如：女性應保護自己，避免婚前性關係，否則就會吃虧，但其實男性也應保護自己，因性關係是相對的；或是如果婚前半推半就發生性關係，就說男性要負責，但其實男女雙方都應負責；或是男性應負責養家，所以女性在找丈夫時，應找比自己身材高的、年紀大的、學歷高的、收入多的，然而，家是兩人共有

的，應是基於分工概念，而非基於性別角色。

在家中，我們可以提供一個自由而且完全支持的學習環境，來教導我們自己的小孩，尤其是在現今社會上，可能還存在著頗為嚴重的性別角色刻板印象之情形下，我們可以善用下面三種方法，來減少孩子在這方面所受的影響：

1. 思考法：即挑戰性別刻板，做性別差異性的思考，用這樣的思考，檢視盛行的性別偏見，例如：買玩具時，職業角色玩具中，醫生一定是男生，護理師一定是女生，但現實社會中的情形呢？也可以是跟孩子看兒童台廣告時，通常廣告會呈現女孩應該買洋娃娃玩具，男孩則會是戰車等，但孩子自己的興趣呢？

2. 批判結構法：可跟大一點的孩子藉由教科書、一般書籍或社會事件，著重性別社會因素與意識型態的因素，深入討論其結構與原因，例如：跟小孩一起讀故事時，由性別的研究歷史發展去討論性別不平等問題形成的原因與發展的關係。故事中所呈現的角色是否多是女性需依賴男性，智慧女性少而睿智男性多，如果給予相同的教育機會與選擇可能，男女是不是會一樣？就如同武則天若是男性，以其政績是否較易獲得認同？廣受年輕人歡迎的周星馳電影中的女性，大部分皆被醜化，這是否可以對編劇或導演性格做更深層的探討？討論的時候可以是很輕鬆的，雖然是批判結構，但家長可以僅丟出問題，而不必設定標準答案。這些討論就如同我們協助孩子去思考，為何許多故事中的繼母皆為壞人？為何老大、老二都一定較笨或貪婪，老三才會是好人或是得到好報呢？

3. 角色扮演法：家長可以提供新奇的情境讓孩子扮演不同的

性別角色，藉由同理的過程，促進其學會接納與尊重性別差異，例如：韓國電影「我的野蠻女友」中，女主角堅持要男主角穿高跟鞋，可能使得男主角以後對高跟鞋會產生新的體認。

總而言之，我們在家中要盡可能做到以下幾點：

1.孩子參與家事或各種學習活動時，宜避免性別刻板印象，例如：只要能力可及，男女都可煮菜洗碗；只要興趣符合，男女都可學跆拳道或舞蹈。

2.家長以身作則，日常行為必須具有性別平等示範，例如：家事的分工是因能力或時間，而非因性別。

3.在家中日常溝通中，將性別的迷思概念提出來作反思活動。

4.在家庭活動方面，避免有性別隔離現象，例如：某些活動僅限男生參加。

5.提供孩子對各種不同職業的角色進行試探，而勿灌輸男女學生生涯的選擇是植基於傳統的性別角色分工。

6.盡可能避免日常所購買的書籍、玩具或遊戲軟體等有性別偏見或失衡現象。

7.家規的訂定必須確保性別的公平性，讓孩子確實學會對自己本身而非性別因素負責。

8.提供孩子與不同性別合作學習的團體互動經驗。

3 幼兒期性教育

　　無論一般孩子或特殊孩子，性教育的教導都是在學齡前階段就應該開始教育。

一、如何跟幼兒談性

1. 對於兒童的問題要有問有答，切合兒童的理解能力

　　例如：要回答嬰兒的由來時，若是發問的兒童只有 2 至 4 歲，可以回答：「嬰兒在母親的肚子裡長大，然後從大腿間的出口出生。」若是 6 至 7 歲的兒童，則可說：「從陰道口出來。」若是 10 歲或以上，則可解釋生命的形成過程，包括性行為、精子和卵子的結合，甚至與孩子分享爸爸和媽媽要經過慎重的考慮才決定成為家長的過程，讓孩子明白生命的誕生是一個生理和心理的過程。

2. 教學以生活為基礎

　　性是生活的一部分，應把握時機，以生活的性事物做為教學的題材和機會，自然地進行性教育，例如：幼稚園內有教師或家長懷孕，甚至是動物園的貓熊懷孕，都是引導兒童學習生命誕生的最好時機。

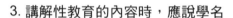

不要比較，只要教我
——親職教育貼心手冊

3. 講解性教育的內容時，應說學名

在講解性教育的內容時，應說出學名，不宜以其他詞語取代，因陰莖、陰道、乳房等器官，就像身體的口、鼻等部位一樣平常，不必逃避。

除了上述幾點事項之外，孩子在幼兒期的後半期，即 3 至 5 歲時，對於性的探索會加深。而至小學一、二年級時，是對性問題最多的時期。這時家長可以在家中購置一些性教育圖書，如書本或解說圖等，並一一回答孩子的疑問。在回答時，有下列幾點注意事項：

1. 此時期的孩子對性並不具有特別的關心度，只是天真的問問題，因此家長或教師可先給予大概的知識概念，待年紀較長時，再詳加解說。

2. 回答孩子的問題之前，要充分瞭解孩子問問題的意義，不慌不忙的回答。

3. 避免不實的回答問題，否則孩子在發現事實真相之後會產生不信任感。

4. 根據孩子的年齡瞭解度，再給予適切的答案。

5. 為了不使孩子感到疑惑，不瞭解之處要留待下回告知。

二、如何在家庭中實施性教育

1. 清潔習慣

在孩子初期的性教育中，清潔習慣是很重要的一項，而幼兒時期的清潔問題，若能成為固定習慣，往後的性教育才能奠定良好的基礎，其中又以局部的清潔問題，是家長都較容易忽略的部

分。作母親的應該讓孩子早些脫離尿布，在孩子就寢前可用溫熱的毛巾來擦拭局部，以保持清潔；這樣的一個小動作，往往可免去孩子生殖器出現異常的現象。另外，在孩子即將滿周歲時，便要每天固定同一時間讓孩子坐在馬桶上，以養成良好的排便習慣。

2. 對身體的好奇

我們經常看到小男孩在尿尿時，會故意搖動生殖器，讓小便四處亂灑，這其實就是對其生理構造好奇的表現。我們可以不用先去斥責孩子，而是試著告訴他正確的知識，例如：可藉此機會說明，如果他用髒手去玩弄生殖器，細菌會從傷口侵入，小便尿不出來的話，就要看醫生了；應盡量以和緩的語氣說明，而不要嚇唬孩子。

3. 尊重他人和自己的身體

兒童期早期（3 至 6 歲）的性別角色與差異已開始發展，他們除了會發問讓人困窘的問題外，還會對不同性別的外貌、生殖器官感到強烈的興趣，家長在處理時應特別注意；尤其若習慣在孩子面前換衣服，則應避免。建議可以從洗澡、上廁所及換衣服時，來教導孩子理解人我之間的隱私及尊重，例如：幫 3 歲以上的幼童洗澡、換衣服及上廁所時，應關門進行，並且不讓家中其他成員在旁觀看（特殊狀況除外）；當家長入浴或更衣，也應關門，藉由這樣的方法，讓孩子建立一個人應該尊重自己的身體，也應尊重別人的身體，建立不經允許，看別人的身體及讓別人看自己的身體是不對的之觀念。

4. 親子共浴

孩子跟家長一起洗澡，讓孩子在愉快、輕鬆的氣氛中面對與

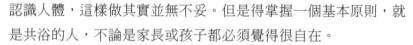

認識人體，這樣做其實並無不妥。但是得掌握一個基本原則，就是共浴的人，不論是家長或孩子都必須覺得很自在。

5. 隱私與尊重

此部分是性教育中很重要的觀念。每個人都有保護自己隱私的權力，而且每個人的隱私都應當受到尊重；同樣的，每個人也都該尊重別人的隱私。而親子共浴正是教導隱私與尊重的最恰當時機。但如果孩子逐漸長大，爸媽本身覺得不能再像孩子小時候那樣自在地坦然和子女裸裎相對，就不妨坦白對孩子說明，讓孩子學習尊重別人的意願。或者當孩子因為對自己的隱私開始在意，變得有些勉強，甚至不願意再和爸媽一塊洗澡了，這時爸媽應當體貼孩子的心情，以尊重的態度回應，而不必再刻意維持這樣的親子活動。

 ## 三、學前階段性教育的常見問題

1. 男生♂或女生♀

由於牽涉到孩子的語言與認知能力不同，一般來說，幼兒是先透過「外在訊息」（爸媽或其他人的反覆告知，如叫他「妹妹」或「弟弟」）得知自己的性別，但只是知道，並非等同於「瞭解」；因此孩子並不懂得分辨自己的性別，也不知道性別是無法改變的。此外，對於性別的辨識方法也是比較僵化的，例如：留長頭髮、穿裙子、擦口紅是女生，但若是改變造型為短髮、穿長褲，可能會讓孩子以為「你變成男生了」。儘管如此，由於已經知道自己的性別，他開始會從家長或他人的口中接收並篩選該有的性別角色訊息，並逐漸開始建構對性別角色的認識，

由於「性別」與「性別角色」之間的觀念開始連結，「男生應該怎麼樣」、「女生應該怎麼樣」之類的概念也被逐漸強化之中。在3至6歲間，隨著語言與認知能力的進步，大量的接收與自身性別有關的訊息，從周遭對他的期望，或從同儕身上開始學習扮演自身的性別角色，因此性別角色多是建構於後天訊息的告知與學習。

　　差不多到了上小學的年紀之後，孩子才會逐漸明白性別是固定而無法輕易改變的，也就是說，「我現在是女（男）生，以後也是女（男）生」的概念會更明晰起來，並開始真正的學習自身性別所該有的行為舉止。3、4歲的小孩開始注意到男女性別時，有些小女生甚至會模仿男生小便的姿勢，其實無論是一般小孩或特殊小孩，在此時期都可能會發生性別錯亂的現象。家長或老師可輔以各種方法來進行教學，例如：到公共場所時，可實際帶他看看男生與女生廁所的標誌，或利用洗澡時來進行教導。小孩子對於性器官通常都會有許多想法與疑問，父母親不要害怕回答，可以平常聊天的方式來說明即可。在回答問題時，須接納孩子的好奇，並透過觀察和反問，來瞭解孩子真正想知道的問題。

2. 玩弄性器官

　　當看見孩子在玩弄自己的性器官時，家長應先調整好自己驚慌與憤怒的情緒，之後再對孩子進行教導。以下幾點原則可供父母親參考：

　　⑴容許孩子的性好奇：1至2歲的孩子常會玩弄自己的性器官，尤其是男孩子只要一伸手就會摸到，而玩弄的感覺就像玩弄自己的手指頭、耳朵一樣。家長應該懂得，孩子對性器官的好奇

就像對身體其他部位一樣好奇，儘量不要帶有偏見來訓誡孩子，避免孩子在幼小時對性器官產生不好、罪惡的想法。

(2)順其自然來進行性教育：看見孩子這樣的行為時，可順勢教導他認識身體其他各部位的名稱，如耳朵、鼻子、肚臍等。也讓孩子懂得身體的每個部位都有其功用存在；或藉由玩玩具、看書、說故事的方式來轉移他的注意力。年紀稍大的孩子，我們可以直接告訴他手腳有很多看不見的細菌，所以不可以揉眼睛、吸手指頭和摸生殖器。

(3)坦承回答孩子對性的疑問：隨著孩子年紀的增長，他們對性會有愈來愈多的疑問。而家長、師長正確的態度是要自然、坦承並有信心的告訴他們，不要撒謊或是責罵。孩子的教育階段不同，當然提出來的問題也會不一樣，我們只需根據孩子目前的年紀來提供他們答案即可。一般 4 歲的孩子多會開始發問：「**我是從哪裡來的？**」這時父母親可大略述說，給予孩子正確的觀念。若是孩子繼續追問，則可視情況說明，有些事情等他長大一點，就會更明白了。

(4)準確用詞：1 至 2 歲的小孩是最常跟在父母親身邊的，自然也看見父母親裸體，這時便可給予機會教育，告訴孩子身體部位的名稱與功能為何。父母親在器官的稱呼上，雖然常會用「小雞雞」、「ㄋㄟㄋㄟ」等來稱呼，但適時使用正確的標準用語是有必要的。讓孩子早些接觸正確的名詞，能幫助孩子將來發展得更好。

這階段的孩子也常會說廁所笑話。小孩的廁所笑話，可以看做是一種幽默，但又有點與大人抗衡的成分在。他們常會在進入

幼稚園之後，狀況變得變本加厲，其中一部分原因是同伴之間互相仿效之故。事實上，「廁所笑話」會在孩子的發展過程中一直存在，小時候只是簡單的「大便、尿尿」，等孩子稍大至青少年階段時，「黃色笑話」便出籠了。比起其他的發展問題，雖然「廁所笑話」也許不是什麼大困擾，但培養孩子說話的禮貌卻是老師與家長的責任。向孩子清楚表達你的不悅，但當孩子出現瘋瘋癲癲的玩耍行為時，可以暫時先不理他，觀察他的反應。如果孩子仍持續一段時間不停的說時，則可觀察他與同學之間的互動狀況，找出問題的根源之後，再適時給予輔導。

3. 伸進褲檔的小手

不論特殊小孩或一般小孩，有時會出現把自己的雙手伸進褲檔中這樣的舉動。對學齡前的幼兒來說，整個身體是一個非常精巧有趣的玩具，玩弄性器官當然也不例外，有時只是為了瞭解身體構造而已。一般而言，小孩子撫弄性器官，除了好奇心之外，疾病感染或被衣褲弄得不舒服時，也會忍不住去撫摸。若是學校老師正在進行活動，可藉機改變遊戲方式，改採需雙手完成的活動。若出現嚴重的情形，除了藉由遊戲誘導之外，還可採取啟發的方式，例如：當我們再度看見孩子出現這種動作時，可以告訴他：「**你想不想趕快長大好跟大哥哥一起遊戲、一起上學？**」，「**但是大男孩是不會這樣做的，如果你老是這樣，他們就會把你當成小嬰兒而不跟你玩了。**」當孩子懂了之後，可以帶他到鏡子前觀看自己的動作，並告訴他：「**大男孩不用雙手的時候，會把雙手放在大腿的兩側或膝蓋上。**」當孩子真正懂得正確的姿勢後，便可減少其它不良行為的產生。發現自己的小孩在玩弄撫摸

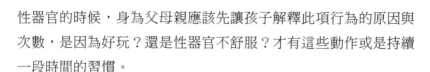

性器官的時候，身為父母親應該先讓孩子解釋此項行為的原因與次數，是因為好玩？還是性器官不舒服？才有這些動作或是持續一段時間的習慣。

　　無論如何，家長應該用溫和而堅定的語氣教導孩子，這樣的動作在別人面前是不禮貌的。因為手或指甲不乾淨，可能會為身體帶來疾病。同時讓孩子穿著比較寬鬆的衣服，如果孩子的認知能力較弱並且已養成撫摸性器官的習慣的話，我們可以用督導的方式，隨時注意其舉動並詳加說明，或可以各種他感興趣的活動來分散其注意力。最重要的是，家長可兼以各種方式搭配，如以圖片說明或說故事為工具，讓他更清楚明白，並幫助消除其不良的習慣。若孩子的行為已經十分嚴重，必要時需給予醫療協助。

4 兒童期性教育

在前一篇我們談了幼兒期的性教育，這一篇我們接著要來談談兒童期，也就是學齡期的性教育。其實在小學的性教育主要是在認識自己的身體、對他人性自由的尊重、性侵犯的認識，以及性侵犯的防範，並進而能夠建立性道德觀念，養成兩性和諧相處的人際關係。對兒童身心發展而言，性教育有其階段性，性教育的內容必須因發展階段的不同而有所不同。

一、依年齡區分

1. 低年級

對低年級的兒童來說，「我從哪裡來？」是兒童常問的問題，因此透過教育讓兒童瞭解生命的根源，是很重要的。低年級孩子會有掀女生裙子的動作，是因其對性別差異產生好奇，因此應指導男女有別的性知識。此外，可以加強其對家庭的認識，同時能夠學習與家人相處，進而對別人有尊重的態度。對自己則應培養責任感，並接受、瞭解、接納自己的身體，進而能夠愛惜保護自己的身體。

2. 中年級

除了延續低年級的內容外，應加強學生認識生命產生的過

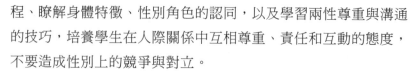

程、瞭解身體特徵、性別角色的認同，以及學習兩性尊重與溝通的技巧，培養學生在人際關係中互相尊重、責任和互動的態度，不要造成性別上的競爭與對立。

3. 高年級

高年級已進入青少年時期，兩性差異更大，第二性徵出現。男性特徵如：鬍鬚、喉節、寬肩、粗腰、腿毛、胸毛、肌肉發達，而第二性徵發育主要是採用陰莖、睪丸、陰毛及腋毛為標準。女性特徵如：骨架較小、皮膚柔潤、乳房隆起、細腰、豐臀、皮下脂肪較多。一般女孩子的第二性徵發育年齡約在 9 歲左右，記錄第二性徵發育的程度，一般女性是採用乳房、陰毛及腋毛之發育情形為指標。此時，除了教導其正確的性知識外，更要指導其性觀念與道德觀，學習如何與異性相處，此外要學習對自己的情緒管理。破除性別角色的刻板印象，建立性別平等的觀念。

身高的發育與性發育開始的遲早，有密切的關係。小學低年級時，平均每年身高只增加 3 至 4 公分，但是到了某一時期會突然激增，一年內約長 6 至 8 公分，有些發育好的孩子甚至會長到 10 幾公分。這時期稱之為「身高激增期」，通常會持續 2 到 4 年。接著每年約長 3 至 4 公分，最後，身高的發展便逐漸停止。從身高激增後的第二年，孩子的第二性徵也會隨之出現。以女孩而言，從第二性徵開始出現（胸部的發育）到月經來潮這段時間，是長得最快的，之後仍有約 2 年或 3 年的生長，但長高速度逐年減慢，最後骨骼完全成熟，即達到了成人的身高。這表示身高激增期來得早的，性發育也會提早，而身高激增晚的，性發育也會晚一些。身高與遺傳、懷孕時的條件，以及日後生活條件等各因

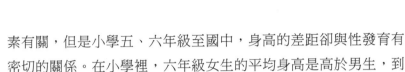

素有關,但是小學五、六年級至國中,身高的差距卻與性發育有密切的關係。在小學裡,六年級女生的平均身高是高於男生,到國中一年級也是女生較高,這稱為「身高逆轉現象」。因為平均而言,女性的發育較早開始,所以身高激增期也會比較早出現。

二、家庭性教育

在家庭性教育上,有些家長會強調「負責任的性」,目的是鼓勵孩子做出「負責」的選擇。採取這種探討式教學方法的家長,會以一種客觀或指導的方式進行性教育,教導孩子應有的性知識,讓他們在知道後果的情況下做出抉擇。另一類則是著重培養傳統的價值觀,例如:不要在未成年時期發生性行為、婚後才開始性行為等,強調在道德上負責任的行為。建議一般家長可以在鼓吹自由與強調權威這兩種各趨極端的觀點取向之間,取得平衡。所謂探討方式,是鼓勵孩子發問、探討答案、容忍他人的行為、以個人價值觀決定何謂對與錯。此舉的目標是「自我授權」或「自主」,讓孩子瞭解清楚行為的後果,並對自己的選擇承擔責任,增強自信而不損及他人。藉著讓孩子體察到事情的每一面,從而領會知識、技巧和態度。根據臨床個案觀察,許多家長是比較喜歡傳統的方式,目標在培養孩子應有的道德價值觀。無論採取哪一種方式,或者兩者兼用,其實最終目標都是要教育孩子的性態度,使他們能夠控制自己的行為,鼓勵他們對自己的行為負責任,能在認識清楚和知道後果的情況下做出抉擇。而在家庭性教育方面,以下幾點是父母可以注意且應盡可能做到的。

1. 手足分房睡

此時的孩子在進入青春期也就是離開父母期時，會較拒絕父母的保護和干涉，也比較想按照自己的意思來採取行動。而第一步就是擁有自己房間的使用權，這也是從父母那兒開始獨立的表現之一。擁有自己的房間不但可按自己的意思來設計使用，也能保住自己的祕密。但是相對地，也要讓孩子清楚知道要開始負起整理和打掃的責任。手足分床睡的目的除了上述之外，還有便是待孩子長大後，會出現第二性徵，對於兄弟姊妹的變化，一定會產生各種性的疑問，而不論男或女，從生理構造的不同至個人隱私的保護，都會成為一大問題。如因住屋的環境受限無法給予充足的房間數，其實可以以窗簾隔開或作簡易的隔間，充分利用房間的空間，這也不失為一個好方法。

2. 家事的分擔

男孩與女孩由於具有性別上的差異，因此大人在指派家事時，常會給予刻板印象，認為男主外女主內，男生必須負起持家的目的，而女生只要以家為中心即可。不過，現在社會的情形已經完全不同，即使男女的性別不同，但家事已不再是楚河漢界劃清界限。這時期的家庭教育中，若讓孩子對分擔家事產生排拒感，那麼長大後他可能愈來愈不願分擔了，而最好的解決方式是讓男孩女孩一起做家事。除此之外，也可讓孩子親自去購物或學習整理好自己的事物，這種教養方式，也會在無形中讓他們具備了生存的能力，而對於男女的互相瞭解，也會有所幫助。

3. 初經的處理

有了初經之後，就要開始教導孩子利用日曆或記事本正確記

錄每次的月經週期，從月經開始的第一天到下一次月經來臨的前一天為止，初經的女孩常常呈現不規則的月經週期，但多了這一項動作，對孩子往後會有很大的幫助，尤其在遇到有旅遊或各項活動時。母親可為孩子準備可愛的小束袋，方便孩子在書包內裝衛生棉，以避免突發狀況發生時的羞窘。也應教女孩如何將使用過後的衛生棉對折收納，或以衛生紙包好再置於廁所的廢棄物桶內，以避免髒污血漬畫面直接呈現，如此也可幫助孩子更坦然面對月經來臨的現象。

三、學齡階段性教育的常見問題

1. 蒐集明星／球星物品

　　孩子在幼稚園或小學生活時，雖然知道有異性的存在，也可能經歷一些「初戀」，但由於成熟度還不足，大多只是稍微超過遊戲朋友的新階段而已。加上此時期的孩子會開始具有理想主義傾向和自我展示慾，認為自己是除暴安良的英雄，也會羨慕如超人一般的英雄人物。一方面逐漸瞭解大人的社會層面，一方面隨著生活經驗的成長而發達。在此種理性與感性間產生的矛盾與偏頗，常會以反抗大人的形式表現，除了以孤獨的方式表現，也會轉而迷戀明星／球星等人物。孩子或許會在房間內貼滿明星的海報或照片，藉由這些行為，將自己與明星／球星同一化，因為明星／球星得到的讚賞就如同自己得到讚賞。如果很幸運的拿到明星的親筆簽名，也會很驕傲的和同儕分享。如果孩子的此種行為不會太過度，我們就在一旁守護即可。因此種行為只是此時期的暫有現象，不妨冷靜看待且陪他們走過這關吧！

2. 情竇初開

孩子在中高年級時，常常會收到許多類似情書的書信，這是青少年家長常遇到的問題之一，一方面怕孩子影響功課，又擔心孩子過早發生性行為，因此很多家長反對自己的孩子交異性朋友，所以常會有以下的行為：頻繁地詢問孩子的交友情形，偷看孩子的書包、日記、抽屜，甚至還用分機或祕錄機偷聽孩子與朋友講電話，或偷偷跟蹤孩子的去處等等。

但是孩子會因父母反對就不會對異性好奇，不想交異性朋友了嗎？答案是不可能的。大部分的情況是父母愈反對，反而愈會破壞親子之間的感情，不僅對孩子的身心發展及價值觀造成負面的影響，甚至會讓親子關係破裂，同時造成小情侶相處時的悲劇感，反易加速感情發展。建議父母在和孩子們談感情事件或異性朋友時，態度應該保持中立、民主、彈性。雖然不鼓勵他們用盡所有的時間及精神去交男女朋友，但是也不要堅決反對。下列幾項原則應要讓孩子瞭解：

1. 現在喜歡的對象，過幾年以後不見得會喜歡，同時要走在一起到最後有婚姻結果的時間，可能要長達十幾年，例如：小學五年級開始有心儀對象，則可能要經過小學兩年、國中三年、高中三年、大學四年，甚至研究所數年後，才較有可能談結果，所以不能太執著於單一感情，廢寢忘食，其他什麼事都不做；家長和孩子溝通的方式可用比喻，例如：以前心愛的洋娃娃、電動玩具、所欣賞的偶像，現在可能都不再喜歡。

2. 幫助孩子多方面瞭解，愛情是世界上很重要的東西，但不是唯一重要的，所以除了愛情之外，還有其他的事情，例如：親

情、友情、功課、金錢、電動玩具……等等，也是非常重要的。

　　3.強調與異性朋友交往並不是一件壞事，但多多與不同的朋友一起相處，可以增廣見聞，擴大視野，學習社交技巧，但是要以不影響日常生活作息及功課為前提。

　　總之，為彼此保留一點彈性與空間，會發現學齡期兒童其實是很好相處的一個族群！

5 青少年期性教育
——兩性關係 GO GO GO

　　成長是一件令人喜悅與振奮的事，然正處於叛逆期的年輕朋友們，一方面覺得自己已經長大了，可以獨立自主；另一方面仍需要依賴父母生活。在心理方面希望走向獨立，但又期待依附在父母親身邊，此種進退維谷的情懷，會造成身心方面的彷徨與焦慮。就如同父母在此時，對青少年的對待方式也會是「忽大忽小」的，要做家事時，可能會說：「這麼大了還不知道幫忙！」要買東西或交異性朋友時，可能會說：「你還這麼小，急什麼！」

　　青少年在成長過程中，最感焦慮與疑惑的事，莫過於與異性相處與情感方面的問題，例如：該不該交異性朋友？交異性朋友會不會影響學業？如何與異性朋友相處？如何表達對異性朋友的愛？男女交往的尺度何在……等問題。父母要瞭解青少年可能面臨的問題，更重要的是教導孩子珍惜自己、接納他人，體會作自己主人的感受。男女生雖然有很大的個別差異，然心理層面的發展，有一定的模式可循，青少年性意識的表現和發展，大致可以分成三個階段，詳述如下。

第一期：疏遠期

　　此階段從兒童末期開始，直到少年中期結束。其中女生在兒

童末期表現得最強烈，男生則在少年初期表現得最強烈。由於第二性徵的心理變化，使這時期的孩子對自身所發生的巨變感到迷茫、害羞，本能地產生對異性的疏遠與反感。他們會對對方採取冷漠的態度，在共同的學習、勞動和遊戲中，不能好好地互相協助，於是就有了男女很明顯的對立活動，例如：男生或女生的小團體、在課桌上畫「三八線」規定對方不得越線、認為男生喜歡女生或女生喜歡男生都是很色的等等，甚至男女生最大的煩惱就是，在班上女班長記違規名單時只記男生，男副班長記違規名單又只記女生等不平等現象。這時男的一群，女的一夥，彼此不相往來，時有爭執事件發生。甚至因女生通常發育較早，在小學校園中，若隨意問一下小男生對自己班上女生的印象時，他們通常會大聲回答：「好兇喔！」而更多圍繞在旁的小男生會笑鬧的補充他們被女生打的經驗，在笑鬧中可能話還沒說完，許多路過的班上女生又會過來補上一腳或一拳。這時期的男生與女生總是同性接近，異性疏遠，是人類青春期正常的心理狀態，它既短暫，又是異性相吸的前奏。

第二期：愛慕期

此時期一般從少年初、中期開始，直到青年期中後階段結束，這是青少年異性意識表現和發展的一個重要階段。最初表現為對異性排斥，後來轉化為對異性的吸引及愛慕，這時青少年男女常表現出積極地接近異性的傾向，會設法引起異性對自己的注意，並開始注意修飾自己的儀表，講究髮型、服裝等，是屬於一種較外顯式的公雞式愛情觀，也就是如同公雞在吸引母雞時會特

別展示自己外表炫爛的羽毛及與情敵鬥毆的行為。所以若在國中
的班上隨意聊一下是否有心儀的對象時，每一個人都會笑鬧成一
團，然後搖身一變而為八卦權威，爭相補充如：誰愛誰、誰已作
表白、誰收到「好人卡」、誰在自己的部落格上寫了什麼話、誰
收到什麼禮物或是做了什麼事……等等，若要認真聽及分析，還
真是三天三夜聽不完；但若問到是否曾讓父母或師長知道，大家
則會一片死寂，同時要求你絕不能說出去。

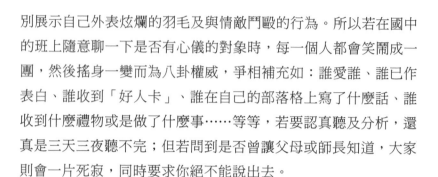 第三期：戀愛期

從青年期中、後階段開始，是青春期異性意識表現和發展的
相對成熟階段。男生與女生彼此間易懷有好感，彼此間願意接
近，少男少女喜歡創造機會相互接觸，喜歡一起學習、玩耍，也
會與有好感的異性多接觸，這些都是正常的健康心理表現。

針對在進入會發展兩性正式戀愛期前，以下舉出一些具體的
注意事項，讓青春期的孩子有所從。

1. 慎選朋友，慎選異性朋友

「觀其友，知其人」，交什麼朋友，你就變成什麼樣的人，
而且別人也會怎麼樣看你。慎選朋友是一件非常重要的事情，因
為同儕的模仿，其實就是形塑你人格特質的一股重要力量。在兩
性方面則應先學會，交朋友再學會做男女朋友，就如同在天賦人
權上，我們是先作人，再作男人女人一般。

2. 學習自制才有機會經歷美麗正向的人生

生命中有些時刻，是要展現我們的自制力才能過關的。在
《別急著吃棉花糖》一書中，提到曾經有人做過實驗，給獨自在

房間裡的學齡前幼童前的桌子上放一顆棉花糖，並給他們兩種選擇：一是他們可以先吃掉這顆糖，但待會兒大人再回來時，他們就沒有糖了；二是先忍住不把糖吃掉，待會兒大人再回來時，可以得到兩顆糖。日後的追蹤研究顯示，那些能展現自制，先忍住不吃糖以便得到更多利益的孩子們，其社會成就比選擇前者的高。如果你看到其自制的後果比立即滿足還值得去追求，或者是衝動的結果並不是自己所能承受的，那麼就必須學習拒絕迷人的誘惑，控制當下的衝動。

　　婚姻的前提是愛情，但婚後會漸漸轉成親情與友情更多些，所以若未來的配偶也是我們的好朋友，婚姻才易長久。青少年時期的感情要走到最後有婚姻的結果，在正常的軌道上可能要等國中三年、高中三年、大學四年、當兵或研究所等至少十幾年的時間，通常我在跟青少年聊他們要等多久，才較有可能獨立生活並給對方幸福時，他們常會覺得有愛最重要，但當我好好分析完時間的流程及現實可能的變化時，他們也漸能體會自制很重要，先扮演好自己現在的角色，就是在創造未來的幸福，例如：有好的文憑或一技之長，也是在給自己未來所愛的另一半幸福。故而學會自制，學會與對方先當朋友，後面所嚐到的果實，才會分外甜美！

3. 學習如何展示自己

　　在芸芸眾生當中，懂得表達自己的人比退縮的人較占有優勢。從學校的同學會、活動的表演、上台報告、自我介紹、專題討論，或者最重要的，面對喜歡的異性的自我表達，都需要我們平常就有好的準備。不需要矯揉造作，只要很誠懇而實在，自然

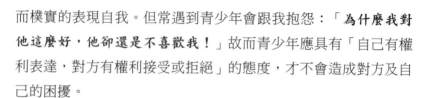

而樸實的表現自我。但常遇到青少年會跟我抱怨：「**為什麼我對他這麼好，他卻還是不喜歡我！**」故而青少年應具有「自己有權利表達，對方有權利接受或拒絕」的態度，才不會造成對方及自己的困擾。

4. 幽默感的培養

在適當的場合，使用適當無傷害性的幽默，常會紓解原來緊繃的氣氛。通常具幽默感的人，也是同儕中較受歡迎的人。然而幽默絕對不是搞笑，甚至取笑別人的能力，而是具備以無傷大雅的方式，舒緩同儕壓力的能力。然而，這裡所謂的幽默感，可不是現在孩子們愛講的黃色笑話，青少年從以往的「不敢問、不能知」，轉變成「敢說敢做」，同時基於「愛現」、「耍酷」的不成熟心態，想博得同學的「敬佩羨慕」，於是就喜歡賣弄自己在性方面的「成熟」。瞭解孩子的心態之後，面對愛挑起性話題的孩子，父母自然能以寬容的心態去看待他。不妨換個想法，或許孩子只是想藉此引起大人的注意，在碰到這種情況時，我們可不要自己亂了陣腳或被他們激怒。如果孩子一副無所不知的模樣，就該讓他知道天外有天，先幽默地挫挫他的銳氣，再以輕鬆莊重的方式和孩子來一次交心，這也是一種幽默感的示範。

5. 同理他人的感受

同理的意義指的是體會對方感受的能力；唯有具備同理心，才能深切的體會他人的感受，並且懂得尊重他人；而具備同理能力的人，相信也絕對是同儕間樂於交往的對象。同理心也應應用在兩性關係的處理上，兩性關係間的是與非，請一定要站在對方的角度想；父母在處理孩子兩性關係的問題時亦然。所以若在孩

子遇到情感困擾向你開口時，請儘量輕鬆自然以對，在扮演父母角色的同時，別忘了朋友的同理角色，同時需慶幸自己可能是擁有良好親子關係的幸福爸媽，才能在現代親子疏離的年代，聽到孩子跟你吐露心聲，邀你參加他的成長歷程。若是採取激烈的主觀否定，有時反會讓孩子在得不到同理的情形下，確認自己的悲劇角色身分，而做出讓人遺憾的事！

6. 自我接納

　　先試著想像：如果你變成另一個人，你會喜歡原來的自己嗎？會想跟原來的自己做朋友嗎？一個愛自己的人，接納自己就是這樣的人，有能力愛自己的人才有能力愛他人；一個能夠依靠並信賴自己的人，才會喜歡與別人合作，並時常改進自己。當我們愛自己、接受自己，找出方法表達自己，而不是用別人對自己的眼光來評斷自己的好壞時，我們才是真正成熟的人，屆時也才能達到真正準備經營更成熟的愛情和人際關係的時候。

青少年期性教育
——由拒絕的藝術談婚前性行為

　　這一代的家長及父母可能都知道，孩子對性的態度與我們以前不同，但對「**到底有多不同？**」、「**為人父母的我們，在面對婚前性行為該怎麼辦？**」這種問題時，可能茫無頭緒。

　　而在每次跟青少年談話的過程中，接收到諸如：「**你們這種讀師範校院畢業的老師，才是最需要性教育的**」等訊息，或是看到沮喪的老師來跟我訴苦：「**我是要告訴他們婚前交友要慎重，所以舉自己婚前只有師丈一個男朋友，然後我們就結婚了的事告訴他們，他們的回應卻是：『喔！老師婚前這麼少人追啊！有點沒身價喔！』**」有的老師為了要學生不要輕易跨越性關係這關，所以對學生說：「**老師婚前跟師丈只到牽手階段，就覺得應該要謹守分際，沒多久，我們就結婚了！**」學生的回應卻是：「**你們這麼認識不清就結婚了喔！**」

　　以往聽到這些敘述，我只是驚奇，但直到有一次去校園跟學生進行面對面的對談，我才真的明白代溝有多大！因當天的氣氛很好，所以幾乎已到了知無不言、言無不盡的地步，所以當我詢問有無問題時，幾乎有七八隻手舉起來，我很怕自己的性知識與他們有代溝，所以取巧的點了一位看似羞怯的女生先發問，但她一開口，我就知道自己做了錯誤抉擇。她說：「**如果我跟男友已**

經到了某一階段,他約我去殘障廁所,我該怎麼辦?」我雖然是學特殊教育的,也在特教評鑑中檢查過無數的殘障廁所,但我對約會要去殘障廁所做什麼真是毫無概念;也許是我臉上三條線的表情,引發參與同學哄堂大笑,開始七嘴八舌跟我做解釋,我才明白因學生沒錢,所以會帶著蚊香及毛毯去無障礙廁所發生關係,因無障礙廁所空間較大,通常少人使用,有時則會到對方家裡、空教室或是荒郊野外等,而且現場幾乎人人都知,我好像是唯一的局外人。雖然當天我還是看似輕鬆的回答:「妳會問這個問題,就代表心中有疑慮。性是美好的,但一定要在安心及信任的情形下進行,美好的感覺才能持久!一個好的決定,一定是可以公開的,並且做了決定後會愈來愈快樂的!如果妳覺得自己無法承擔這次性所帶來的結果,就必須自我克制,而且妳願意自己的人生僅有且美好的第一次,是在不知名的殘障廁所中進行嗎?再想想真正懂得愛妳、珍惜妳的人,會帶妳去廁所發生性行為嗎?」但直到那刻,我才真正發現要教學生珍惜自己並學會說「不」,真是件非常重要的事!

　　以前的孩子可能 15 歲才性成熟,18 至 20 歲間即已面臨婚姻,會有固定的性伴侶,而現今這一代的孩子可能 10 歲即已性成熟,然而到了 30 歲可能都還未婚,其空窗期可能長達 20 年,故而婚前性行為的比例會大幅提升。學者晏涵文於 1998 年,發表近 30 年第三次大規模調查國內青少年約會現況及婚前性行為的研究中,1979 年、1988 年和 1998 年的調查顯示,男女整體婚前性行為的比例是 12.9%、20.6%、30.14%;男性婚前性行為的比例是 20.7%、35.2%、37.5%;女性婚前性行為的比例是 4%、6.9%、

26.7%，女性婚前性行為的比例躍升很多。因是每 10 年做一次的大規模調查，相信 2008 年所公布的數字，應會上升更多。婚前性行為所帶來的問題，一為未婚懷孕，二為性病的感染。婚前性行為後，通常女生會承受較多後遺症，所以教女生如何在約會時學習說「不」，是一個很重要的課題。有時男生會用某些理由來說服女生說「好」，而以下我們就教女生如何對「性」說「不」：

說法 1：我所有的朋友都和他們的女朋友超越三壘了。

妳的回答：我真的很喜歡你，但是還沒準備好做那樣的事情。

說法 2：今天是我生日，我要妳把自己送給我。

妳的回答：我會送你另外的禮物，但我不覺得自己是禮物！

說法 3：妳一整天都對我很好，現在不能讓我失望了。

妳的回答：我一直對你很好，是因為我喜歡你，我們不要破壞這樣的感覺。

說法 4：妳如果真的愛我，妳會願意的。

妳的回答：如果你愛我，就不會對我施加這種壓力。

說法 5：為什麼不？妳已經 16 歲了，這是合法的！

妳的回答：香菸（喝酒）也是合法的，但我卻不想抽（喝）！

說法 6：我們在一起已經幾個月了，是做的時機了。

妳的回答：我並不覺得這是有活動時間表的，如果我覺得快樂與安心才會去做。

說法 7：我有帶保險套來，一定不會讓妳有事的。

妳的回答：這不是保險套的問題，是我覺得不應該做，也不想做！

說法 8：聽說男生這樣忍著，是會傷身體的。

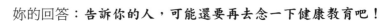

妳的回答：告訴你的人，可能還要再去念一下健康教育吧！

說法 9：我已經忍了這麼多次了，妳忍心嗎？

妳的回答：如果你真的愛我，就不會老是給我這種壓力！

說法 10：如果出事，我會負責。

妳的回答：我不想善後，只想像現在這樣單純的喜歡一個人！

說「不」時的小技巧，需要在妳答覆時，儘早說「不」這個字，解釋不必太多，不用不停的道歉，也不要中途棄權，不要因為對方不友善的回應而改變心意，這樣會讓對方覺得有權力可以強迫妳做不喜歡的事，更不需要有罪惡感，因為拒絕不對的事是不需要有罪惡感的。當然除了說「不」外，約會時應盡可能避開會讓對方覺得有性暗示的場所，例如：父母不在時的家中，或兩人去包廂唱 KTV、校園空教室、無障礙廁所等。

如果家中有正處青春期且在談戀愛的孩子，更要提醒他們不要跨越禁忌線，因為依現行《刑法》第 227 條（對幼年男女性交及猥褻罪）規定：「對於未滿 14 歲之男女為性交者，處 3 年以上 10 年以下有期徒刑。對於未滿 14 歲之男女為猥褻之行為者，處 6 個月以上 5 年以下有期徒刑。對於 14 歲以上未滿 16 歲之男女為性交者，處 7 年以下有期徒刑。對於 14 歲以上未滿 16 歲之男女為猥褻之行為者，處 3 年以下有期徒刑。第一項、第三項之未遂犯罰之。」雖然第 227 條之一有未成年人之減免規定：「18 歲以下之人犯前條之罪者，減輕或免除其刑。」但若對方家長堅持要告，可能會讓孩子的前途毀於一旦！不可不慎！

除了約會時學會如何說「不」外，對年紀小一點的學生，有時威脅會來自長者或是權威體。大多數時侯學生都被教導服從及

尊敬大人，然而學生也必須同時被教導：若他們不喜歡，他們可以而且必須說「不」。最有效的方式就是，訓練學生藉由堅定且大聲地說「不」來阻止潛在的危險發生，並且快速的離開現場，往人群聚集的地方前去。你可以透過一些潛藏危險的情境，來和孩子一起角色扮演練習如何說「不」：

1. 若陌生人說他是警察，叫你上他的車，他要問你一些問題，你會怎麼辦？

2. 如果朋友要你脫掉衣褲玩醫生病人的遊戲，你會怎麼辦？

3. 如果大人要你觸摸他的生殖器，你會怎麼辦？

4. 如果認識的大人要觸摸你的兩腿之間，你會怎麼辦？

雖然依照《刑法》第 228 條，利用權勢性交猥褻罪規定：「對於因親屬、監護、教養、教育、訓練、救濟、醫療、公務、業務或其他相類關係受自己監督、扶助、照護之人，利用權勢或機會為性交者，處 6 個月以上 5 年以下有期徒刑。因前項情形而為猥褻之行為者，處 3 年以下有期徒刑。第一項之未遂犯罰之。」但基本上，我們還是希望預防為先，教孩子如何保護自己，而非事後靠法律去彌補！

7 家長的疑問

　　最近遇到一位家裡有小一與小五孩子的媽媽，她很希望能就性教育的題目做更深入的探討——尤其是親子溝通的部分，究竟該怎麼開始？該講些什麼？……她舉例，小一的孩子問她：「媽媽，流出白色的東西，黏黏的，是不是就是夢遺？」這個媽媽立即的回答是：「你亂講……，誰告訴你的。」小孩回答：「是姊姊……」

　　她在告訴我這件事時，自己也覺得回答欠妥，只是當下不知該怎麼說，該說什麼，事後也不知該再說些什麼。那個家長還提到，小孩子會比較陰莖長短，也讓她感到困窘。她認為像她這同輩的人，都沒有接受當父母親的教育就當了父母親，其實面對性教育真不知該如何做，她建議能否以 Q&A 的方式，回答父母親常見的問題？（尤其是家裡有上小學孩子的家庭）

　　常常有人會問，應該在小孩幾歲時才開始跟他談「性」？事實上，這個問題本身就有點問題；也常有人說，我們大人平時不用講，等小孩發問時再回答就可以了，但這也不是解決的好辦法。在對小孩進行性教育時，最重要的一點是要從他們尚未提出問題前，就應讓他們對廣義的性知識有基本的瞭解，如果有這一

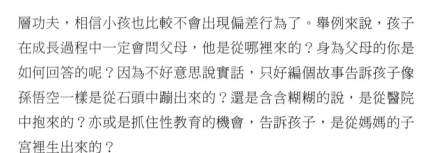

層功夫，相信小孩也比較不會出現偏差行為了。舉例來說，孩子在成長過程中一定會問父母，他是從哪裡來的？身為父母的你是如何回答的呢？因為不好意思說實話，只好編個故事告訴孩子像孫悟空一樣是從石頭中蹦出來的？還是含含糊糊的說，是從醫院中抱來的？亦或是抓住性教育的機會，告訴孩子，是從媽媽的子宮裡生出來的？

在國內，家長的性知識程度普遍不佳。余坤煌曾在1996年，以台北市國小學童家長為研究對象，進行的性知識調查結果指出，家長在「婚姻與家庭」及「性之社會問題」方面得分較高，而在「懷孕避孕」、「性慾性活動」及「性生理」等方面得分較低，整體來說國小學童家長的性知識仍嫌不足。林燕卿則在1998年的「親職性教育介入效果」研究中，以國中學生家長為研究對象，在性知識的測驗上，家長的性知識程度偏低，以「性騷擾」及「生殖生理」得分最低。

家長是青少年子女的重要他人，當青少年子女依附家長的程度愈高，愈會尊重父母親所給予的相關意見，因而其偏差行為就愈不容易產生。若能加強家長與青少年的「性」溝通，也許就能有效預防青少年婚前性行為發生。然而造成親子「性」溝通阻礙的原因，可能是家長缺乏性知識，談「性」時感到尷尬不自在，不知如何開始，或是擔心談了之後，子女反而會去嘗試性行為；也可能是受到傳統社會文化對「性」觀念保守的影響，而少與子女進行「性」溝通。其實當親子溝通的次數愈多、愈正向，青少年初次性行為的發生較晚、性伴侶較少及性行為的次數較少。下面有15個有關性教育方面的迷思與問題，讀者可以先做做看，看

自己是否至少能答對 12 題以上。

1.（×）女性在月經來潮期間最好不要洗澡。

　　【正解】生理期主要是因為子宮黏膜剝落所造成，這段期間內，
　　　　　 女性的身體較為虛弱，如果吃冰冷的食物，子宮或身
　　　　　 體的臟器較容易受寒。有許多人認為，生理期期間不
　　　　　 能洗澡和洗頭，否則會對女生造成許多後遺症。其實
　　　　　 生理期期間洗澡和洗頭是可以的，但最好要用熱水，
　　　　　 並且吹乾。

2.（○）男子每射精一次大約含有三億多個精子。

3.（×）自慰（手淫）會造成腎虧。

　　【正解】網站「春暉醫星球」指出，在青春期之後，男女兩性
　　　　　 生理的發育已成熟，但卻由於社會的因素而不能有性
　　　　　 行為時，自慰的行為是很自然的一種宣洩方式。但若
　　　　　 過度縱慾的結果可能會導致精神和體力上的消耗，與
　　　　　 心理上的負擔，就可能會出現頭暈目眩、精神不繼等
　　　　　 等徵狀，就會以為自己腎虧或敗腎了，這時候只要好
　　　　　 好休息幾天，年輕人的恢復是很快的。

4.（×）手淫次數過多會減少精子製造數量。

　　【正解】手淫次數與精子製造數量是沒有關係的，醫學也已證
　　　　　 明了手淫是不會對身體造成任何傷害的。

5.（○）人類的精子和卵子各包含 23 個染色體。

6.（×）男性陰莖在平時與勃起時的大小，都與體型大小相同。

　　【正解】陰莖裡面有海綿體，當受到心理或生理刺激後會使陰

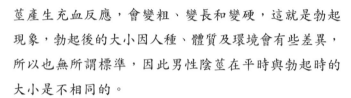

莖產生充血反應，會變粗、變長和變硬，這就是勃起現象，勃起後的大小因人種、體質及環境會有些差異，所以也無所謂標準，因此男性陰莖在平時與勃起時的大小是不相同的。

7.（×）男性在青春期前，陰莖是不會勃起的。

【正解】陰莖受到外來的刺激便會充血而勃起，這是正常的生理反應，即使在青春期前也同樣會勃起。其實剛出生的男嬰也有陰莖勃起的反應。

8.（×）男生每天起床都會勃起。

【正解】網站「春暉醫星球」指出，每位男性並不見得每天都會勃起，這是因為睡眠在快速動眼期時陰莖充血的結果。假若生活壓力大或有心理壓力或別的原因，也可能不勃起。只能說起床有勃起的男性，可以證明陰莖構造上沒有血管硬化、血流不暢等的問題，但沒有勃起也不見得就證明陰莖構造上有問題，當然年齡愈大可能勃起愈差。至於性慾除了年齡的因素會有影響之外，身體的健康情形和環境的影響是很大的，若身體健康情況和環境都允許下，男性的性慾是無止境的，當然年齡愈大可能性慾會稍減。

9.（×）陰莖愈長愈大的男人，性慾愈強。

【正解】並不能作這樣的認定，許多男性會將陰莖大小跟性能力劃上等號，以為愈大就愈能滿足女性的需要，甚至還有錯誤的迷思，認為體型愈大、身高愈高的人，陰莖就應該愈大。根據調查顯示，陰莖尺寸和身材不一

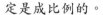

定是成比例的。

10.（×）男性於早上陰莖勃起是因為睡夢時有性幻想。

【正解】陰莖於早上勃起多數是因為睡夢時載滿尿的膀胱壓著前列腺的刺激而引起的。

11.（×）正常的女性左右兩邊乳房的大小和形狀應是完全一樣的。

【正解】大多數女性的左右兩邊乳房或多或少都有些差異，這是十分正常的，不必為此煩惱；但如果其大小或形狀相差太大，便要請教醫護人員了。

12.（×）未婚女性不用每年做婦科檢查。

【正解】無論是否有性行為，所有 18 歲以上的婦女每年應該接受一次各項婦科檢查及子宮抹片檢查，這可以大大減低女性患乳癌和子宮頸癌的機會。

13.（×）男生不會患乳癌。

【正解】男性乳房與女性乳房同樣都擁有乳腺，所以男性亦有機會患上乳癌。

14.（×）女性在月經期間不能參加任何體育運動。

【正解】一個身體健康、月經來臨無不適的女性，在月經期間參加適量的體育運動反而是有益的，因為適量的運動能調節大腦皮層的興奮和抑制過程，從而利於月經順利運行。

15.（×）乳房較大的女性較容易得到性滿足。

【正解】兩者沒有任何關係。

看了以上的問題，對性有了瞭解後，以下整理一般子女在成

長的過程中，常對家長提出的有關性方面的問題，身為家長的你，該如何回答孩子呢？千萬不要因難以啟齒就以「你長大後就會知道」來帶過，我們可以參考以下的建議答案及方法，在針對情境、子女年齡、子女個性等特質作適性回答喔！但請記得，從小就建議使用正確的性名詞跟孩子溝通，例如：可以用「生殖器」時，就不用「小雞雞」、「小弟弟」或「大老二」等名詞。

一、什麼是月經？

女孩的荷爾蒙和男孩不同，所引起的改變是形成月經週期，這是促使女孩能夠懷孕的要素。所謂「月經」是子宮壁被一層特殊的內膜所覆蓋，每個月當卵巢成熟時，這層內膜便與卵細胞受精做好了準備，若卵細胞未遇上精子，這層內膜便因不需要而脫落，由陰道口排出。

首次的月經稱為初經，初經的時間大約發生在 10 至 14 歲之間，因人而異，有的人會更早或更晚。初經來時，很多女孩多半會被嚇一跳，不知道為何內褲及褲子會沾到奇怪的東西，家長在幫助女孩面對月經時，可以注意以下事項：

1. 在解說月經的同時，可提供她一些使用月經用品的概念，例如：如何選購衛生棉。

2. 教女孩如何使用衛生棉墊或衛生棉球（條），使用完後要將其捲好或折疊好再置入廁所的垃圾桶內，以尊重下一個廁所使用者。

3. 月經開始來以後，可以用記事本或其他方式記錄自己月經來臨的日子，因剛開始來臨的月經較無法如成年女性般準時。若

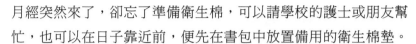

月經突然來了，卻忘了準備衛生棉，可以請學校的護士或朋友幫忙，也可以在日子靠近前，便先在書包中放置備用的衛生棉墊。

4.告訴女孩一天要更換好幾次衛生棉墊或衛生棉球（條），且一天至少要淋浴一次，才會讓身體保持清爽，避免臭味的產生。

此外，在和女孩談論月經時，她可能會提出一些疑惑，以下便是常見問題的解答：

1. 月經會持續一輩子嗎？

【解答】不會，女生大約到了45歲或50歲時，引起月經的女性荷爾蒙便會停止分泌，這稱之為「停經」。

2. 月經週期會很久嗎？

【解答】月經週期通常是 28 天，但每一個人的間隔都不盡相同，都有其自己的週期，不過，若有良好的健康、均衡的飲食、足夠的休息及運動，這都會讓月經週期更規則。

3. 月經來時會腹部絞痛該怎麼辦？

【解答】女孩在生理期期間，多會感到腹部絞痛，或輕或重則因人而異，此時可用熱敷墊放在腹部、深呼吸或是輕鬆的運動等，來使絞痛減輕，但若是痛得很嚴重的話，就該考慮去看婦產科醫生。

4. 月經期間是不是什麼活動都不能做？

【解答】不是的，經期依然可從事各種活動，因為運動可以減輕腹部絞痛。

 ## 二、什麼是「夢遺」？

男孩的性成熟通常比女孩較遲，男孩在青春期初期的「射精能力」是他成為「男人」的信號，最常發生的是，孩子早上起床時會發現褲子濕濕的，以為自己是不是尿床了？濕掉的床單該怎麼辦？甚至陷入是否得了性病的恐慌中。多數家長都知道應該和女孩談論「月經」，對於男孩，「夢遺」的話題也不應輕忽，若家長能告訴他原因，知道這是很自然且正常的，不需要感到困窘、慌亂。

其實夢遺是因為晚上睡覺時，作夢而導致射精的緣故，夢遺的發生是代表長大了的意思，並不用感到不好意思，只要換上乾淨的褲子即可，同時多瞭解自己的身體構造，就不會害怕和疑惑了。

 ## 三、自慰（手淫）是什麼？女生也可以自慰（手淫）嗎？

自慰很正常，「手淫」也可稱為「性自慰」，人類性成熟後，為了尋求性快感，而用手、衣物或器具摩擦自身外生殖器或其他性敏感區，以達到性高潮，使性緊張澈底消退的行為。需要被加以澄清的迷思，如下所述：

1. 自慰對你的健康有害嗎？【解答】沒有，它甚至是有益的。

2. 自慰會使你長面疱嗎？【解答】不會。

3. 自慰會影響你日後為人父母的能力嗎？【解答】不會。

4. 自慰會導致瘋狂嗎？【解答】不會。

5. 自慰會使你的陰莖變大嗎？【解答】不會。

6. 自慰會使你的陰莖縮小嗎？【解答】不會。

7. 自慰會改變你陰莖的形狀或線條嗎？【解答】不會。

8. 自慰會改變女性生殖器官任何部分的大小、形狀或顏色嗎？【解答】不會。

9. 自慰會導致疾病嗎？【解答】不會。

10. 自慰會使青少年降低將來對性伴侶的反應能力嗎？【解答】不會。

11. 不自慰的人會有問題嗎？【解答】不會。

此外，除了男生會自慰外，女生也是會自慰的，只是女生比較害羞，所以不太會去談論自己自慰的事情。這樣的行為是很正常的，並不是不道德，有時候是藉由觸摸來認識自己的身體，這是很自然的事，而且不是壞女孩才有的壞習慣；只是自慰次數太多或經常性幻想時，可能反映出是否生活太過平淡，建議好好調整、規劃休閒活動。

四、我的身體可以隨便被別人碰觸嗎？什麼是「性騷擾」？

孩子上學後，在和同學打成一片的同時，就容易有身體上的打鬧碰觸，家長應該告訴孩子，即使現在還是小學生，無論是怎樣的理由或原因，都不能讓他人隨便觸摸自己的身體，自己也要確實遵守，因為這是非常不禮貌和不尊重他人的行為。若孩子還是不知道身體的哪些部位不能亂碰，家長可以告訴孩子「被衣服遮住的地方就是」，這是非常隱私的部分，就算是再怎麼好奇，

都不可以亂摸，因為這樣不僅不禮貌，還有可能會惹人厭。

「性騷擾」是指男生（女生）隨便觸摸女生（男生）的身體，或是講黃色笑話，像是男生掀女生的裙子就算是性騷擾，家長除了提醒孩子要懂得保護自己外，還要讓孩子注意的是，無論是同性或異性都有可能會是性騷擾者，除了陌生人外，熟識的人也是有可能的。

總而言之，家長在對家中的子女進行性教育時，應特別注意以下幾點原則：(1)把握隨機教育、隨時教育的原則；(2)著重身教重於言教；(3)做好事前準備及善用相關資源；(4)要瞭解子女真正的問題與需要，站在對方的角度來思考；(5)對子女的疑問應確實回答，不要敷衍了事；(6)以子女心智年齡可理解的用詞來告知性方面的知識；(7)讓子女瞭解尊重他人及自我隱私的重要觀念。

此外，家長也可以留意外界相關的性教育資源、參加相關研習講座、閱讀相關書籍及影片等，除了充實本身的性知識外，亦可更正向地去面對教養特殊子女時，落實有關「性」方面的教育。以下整理了相關性教育資源提供讀者參考。

❧ 性教育相關書籍

出版年	書名	作者	出版社
2005	青春期的第一堂：性教育	李福英	世一文化
2005	小孩一看就懂的 12 堂性教育	高柳美知子	性林文化
2005	小學生科學性教育	陳晶琦	新潮社
2005	中學生科學性教育／家長讀本	陳晶琦	新潮社
2005	中學生科學性教育／教師讀本	陳晶琦	新潮社
2005	中學生科學性教育／學生讀本	陳晶琦	新潮社

2005	兩性教育學習單	林進材	高雄復文
2005	性別教育最前線： 多元文化的觀點	游美惠	女書文化
2005	長大的感覺，真好	帕特生 著／ 桂特兒 繪	天下文化
2005	青年科學性教育	胡佩誠	新潮社
2005	青春日記事件簿：女孩篇	林怡倩	如意文化
2005	給孩子正確的性教育	侯可可	維德
2005	漫話性教育1：奇妙的身體	姜順藝	高寶
2005	漫話性教育2：正確的性知識	姜順藝	高寶
2005	漫話性教育3：女生想知道的	姜順藝、 孫在洙	高富
2005	漫話性教育4： 男生，小心你們的小弟弟	具聖愛、金大 植、方明杰	高富
2005	嬰幼兒科學性教育	劉芳	新潮社
2004	了解青春期的女生	琳達‧麥達拉 斯、艾瑞兒‧ 麥達拉斯	新手父母
2004	了解青春期的男生	琳達‧麥達拉 斯、艾瑞兒‧ 麥達拉斯	新手父母
2004	小少女如何寶貝自己的身體	陳櫻慧 著／ 映童 繪	稻田
2004	幼兒性教育	林燕卿	幼獅文化
2004	兩性關係與教育	陳金定	心理
2004	性、兩性關係與性教育	晏涵文	心理
2004	游老師與孩子談性	游乾桂	一家親文化
2003	兩性關係與教育：理論與實務	徐西森	心理
2003	性別教育	耕林	益智工房

2003	青少年最想知道的性知識	Gimm-young	三采
2003	與孩子談性的第一課	松本良彥	童萌館
2002	我長大了！	王瑞琪	一家親文化
2002	兩性平等教育的本土發展與實踐	蘇芊玲	女書文化
2002	性別平等教育：探究與實踐	謝臥龍 主編	五南
2002	性別教育大補帖（下）：學生活動作業百寶箱	楊佳羚	女書文化
2002	性別教育大補帖（上）：教師基礎觀念大挑戰	楊佳羚	女書文化
2002	性別與社會心理學	楊宜德	五南
2002	家庭性教育	晏涵文、黃富源	一家親文化
2001	e世代男女方程式	幼獅編輯部	幼獅文化
2001	十七歲的性	河野美香	禾馬
2001	小學生性教育	橋本紀子、村瀨幸浩	國際村
2001	中學生性教育	橋本紀子、村瀨幸浩	國際村
2001	父母如何與子女談性說愛	林蕙瑛	幼獅文化
2001	我長大了（國小中年級版）	齊藤浩美	上旗文化
2001	我要長大（國小低年級版）	齊藤浩美	上旗文化
2001	兩性之哲學	馮滬祥	博揚
2001	兩性問題	林大巧、劉明德	揚智
2001	兩性教育與生涯規劃：團體諮商主題工作坊	李郁文、邱美華	桂冠
2001	性教育	Susan Meredith	遠哲
2001	長大真好（國小高年級版）	齊藤浩美	上旗文化

2001	揮別青澀，健康成長	陳文龍	遠流
2001	跨越兩性世界的橋樑	Carol L.	突破
1999	何謂愛？何謂性？ 探討中學生的愛與性	吉田和子	友誼
1999	兩性教育	劉秀娟	揚智
1999	性屬關係（上）： 性別與社會、建構	王雅各	心理
1999	性屬關係（下）： 性別與文化、再現	王雅各	心理
1999	青少年性教育	米莉亞姆·史 塔帕特	笛藤
1999	跳脫性別框框	吳嘉麗	女書文化
1998	女生私房話： 女孩的性知識（再版重發）	李奇龍	聯經
1998	可以真實感受的愛： 瑞典性教育教師手冊	愛瑞克·先德 沃爾，瑞典國 家教育部	女書文化
1998	只要我長大（一）	鍾思嘉	桂冠
1998	只要我長大（二）	鍾思嘉	桂冠
1998	有效啟發孩子的性教育	游乾桂	台視文化
1998	性／別校園： 新世代的性別教育	何春蕤	元尊
1998	兩性關係與教育（二版）	劉秀娟	揚智
1998	校園兩性關係	林燕卿	幼獅文化
1998	陪孩子走過青春期	安·卡倫	新苗文化
1997	大家一齊來談性	羅比·哈里斯	錦德
1997	你一定要知道的事	Sylvia Schneider	八熊星

1997	我是青少年我戀愛了	羅絲・阿奎雅絲	國際少年村
1997	青少年的 SEX 疑惑 Q & A	陳綠蓉、龔淑薰	心理
1997	青春・不留白：高（職）性教育	王瑞琪、江漢聲	性林文化
1997	重塑親子關係：如何做廿一世紀	董媛卿	遠流
1996	了解青少年的心	陳美儒	健行文化
1996	阿吉的青春小檔案	吳美慧	伍育
1996	青少年與校園法律實用	李永然	心理
1996	青春解性不留白：高中（職）性教育	江漢聲、王瑞琪	性林文化
1996	面對兒童性騷擾	人本教育基金會編撰小組	人本教育基金會
1996	捍衛青春	游乾桂	幼獅文化
1996	報告老師！我戀愛了	王瑞琪	皇冠
1995	性教育	江漢聲、晏涵文	性林文化
1995	性愛迷思：談如何跨越性障礙	馮榕	張老師文化
1995	校園暴力：別讓孩子成為沉默的受害者	Kim Zarzour	遠流
1995	尊重愛性 ：談性教育的意義	晏涵文	張老師文化
1995	新兩性關係	李元貞	張老師文化
1994	大學生性騷擾、性傷害之影響研究	陳若璋	訓委會
1994	五分鐘解答孩子性問題	蔡麗玲	培根文化
1994	青春廣播電台	王瑞琪	幼獅文化

1994	為了孩子： 讓孩子走出父母離婚的陰影	Kris Kline、 Stephen Pew	創意力文化
1994	教師如何指導性教育	小林博	小暢書房
1994	圖解性教育	林靜靜	林鬱
1994	親子性教育	村瀨幸浩	小暢書房
1993	小學生性教育 ABC	柏木淑郎	小暢書房
1993	性教育的啟蒙（四）	北澤杏子	小暢書房
1993	校園反性騷擾行動手冊	清大小紅帽 工作群	張老師文化
1993	童言無忌（親密對話）	王瑞琪	性林文化
1993	認識妳的身體：青春性話	鄭丞傑	希代
1992	正確性教育	村瀨幸浩	小暢書房
1992	性教育的啟蒙（二）	北澤杏子	小暢書房
1992	家庭性教育	田能村祐麒	小暢書房
1991	告訴他性是什麼： 0～5 歲的性教育	晏涵文	張老師文化
1991	長大的感覺，真好	帕翠生・ 桂特兒	天下文化
1991	青春性話	林燕卿、 王瑞琪	躍昇文化
1991	高中性教育教材：學生手冊	晏涵文、 林燕卿	行政院衛生署
1991	國中性教育教材：學生手冊	晏涵文、 林燕卿	行政院衛生署
1991	給女兒的	Joann Garner	勝發
1990	父母、子女、性教育	高玫	台灣商務
1990	生命與心理的結合： 家庭生活與性教育	晏涵文	張老師文化
1990	如何與孩子談性	游乾桂	躍昇文化

1990	告訴他性是什麼	晏涵文	張老師文化
1990	性教育的啟蒙（三）	北澤杏子	小暢書房
1990	國中性教育教材：教師手冊	林燕卿	行政院衛生署
1990	親子性問答：五分鐘解答疑惑	武川行男	培根文化
1989	女孩的身體	北杏子 著／井上正 繪	育心文化
1989	中學生的性教育	田豐榮	益群
1989	什麼叫做愛（上）（下）	北杏子 著／井上正 繪	育心文化
1989	你是這樣出生的	謝拉・季辛吉、洪有義	媽媽寶寶
1989	男孩和女孩的自立	北杏子 著／井上正 繪	育心文化
1989	男孩的身體	北杏子 著／井上正 繪	育心文化
1989	青少年的性與愛	田恩朋	大光書局
1989	高中性教育教材：教師手冊	林燕卿	行政院衛生署
1989	揭開年輕人的性愛之謎	提姆・史載	大光書局
1987	家族與社會	陳其南	允晨文化
1986	兩性關係的新觀念	赫伯・高博格	洪健全教育文化基金會
1986	性心理手冊	謝瀛華	遠流
1986	新兩性關係	郝伯・高博格	洪健全教育文化基金會
1985	為什麼要結婚	Kavid Knox	允晨文化
1985	教導青少年認識性	瑪莉凱立	基督橄欖文化

性教育相關單位及網站

單位名稱／網址	簡介
內政部社會司 http://www.moi.gov.tw/dsa/	◎承辦全國的社會福利業務，包括社會救助、福利服務、國民就業、社會保險及醫療保健等工作。
性別平等教育網 http://w3.tp.edu.tw/gender/gender.htm/	◎提供性別平等法律政策的相關規定，以及許多優良的教材設計下載。
我的青春網 http://www.healthcity.net.tw/myyoungweb/st.html/	◎透過可愛的動畫「嘿咻寶寶」來介紹性教育。 ◎有關性教育的各個主題均有詳細而且易懂的介紹及好玩的遊戲。
台灣向日葵全人關懷協會 http://www.sunflower-withme.org.tw/	◎協會宗旨是： 一、推展健康安全的兩性／性別關係。 二、倡導和諧美滿的家庭／人際關係。 三、推動社區之身心保健／諮詢工作
台灣性別平等教育協會 http://www.tgeea.org.tw/	◎結合來自各級學校與民間團體的伙伴，由一群有興趣的教師、人士發展教材教法，並且往來各地，參與各項推動活動；或是從事研究、鑽研論述。
杏陵醫學基金會—家庭生活與性教育中心 http://www.sexedu.org.tw/	◎推廣家庭生活與性教育的終極目標，幫助每一個人建立幸福美滿的家庭生活，進而使兩性社會更安寧和諧。 ◎定期培訓性教育的講師。
兒童性侵害防治—國民小學教師在職進修網 http://childsafe.isu.edu.tw/	◎提供了許多免費的教學素材、影片、遊戲、學習單及繪本，讓老師們有更完整的教學內容， ◎一般民眾亦可上此網站，可以得到許多豐富且詳細的資訊，讓人對兒童性侵害有更進一步的瞭解。

台灣性教育協會 http://www.sexedu.org.tw/taseweb/	◎結合了國內性教育、性諮商、性治療等專家學者，以促進性教育相關之研究、服務，提供最新專業訊息，建立與國際間相類似組織之聯繫、合作為宗旨。 ◎每年舉辦學術研討會及「性教育」、「性諮商」、「性治療」等工作坊，並且於各地舉辦社區民眾的性教育演講活動。 ◎積極參與國際性學組織，為亞洲性學聯盟及世界性學聯盟之團體會員，且在 1996 年主辦國際愛滋病會議及亞洲性學會議。 ◎接受相關機構的委託，承辦各項性教育活動，製作性教育教材及相關視聽媒體。 ◎提供各種專業服務，以建立個人身心的和諧與幸福美滿的婚姻家庭。
行政院衛生署國民健康局 http://www.bhp.doh.gov.tw/	◎提供國中小與親職性教育資訊。 ◎包括兩性、性教育、青少年保健門診醫院與諮詢機構資訊等。
社團法人台灣愛鄰社區服務協會 http://www.i-link.org.tw/	◎協會主要服務是以家庭為主軸，深入社區，致力於婚姻、兩性、親子關係的成長教育。 ◎提供兒童、青少年、老人等不同生命歷程所需的服務。 ◎同時也對特殊家庭與弱勢族群給予關懷照護。
性福 e 學園—— 國民健康局青少年網站 http://www.young.gov.tw/	◎內容分成親職學習坊，認識身體，認識青春期，戀愛學分，懷孕與避孕，認識性病，青少年四「不」曲，流行趨勢我有看法，飲食營養，健康小辭典，影音互動，好站連結，教材區。

張老師基金會 http://www.1980.org.tw/	◎辦理心理衛生教育、諮商輔導服務等課程。 ◎協助社會大眾瞭解兩性與家庭關係，及各種重要的資訊宣導。
台灣展翅協會 http://www.web547.org.tw/	◎為兒童少年打造安全無色的網路新世界。 ◎教育兒童少年上網安全守則，自己保護自己。 ◎鼓勵網路業者推動各項保護兒童措施，建立對兒少友善的網路環境。 ◎督促政府進行相關修法與立法，制定兼顧兒少保護與網路永續發展之政策。
勵馨社會福利事業基金會 http://www.goh.org.tw/	◎不斷以實際行動來關懷台灣的兒少與婦女，從預防性、發展性、服務性等三層面的工作持續努力，透過可檢討、可整合、可傳承的工作紀錄與服務模式，達成「促進兒少權益、提昇女性尊嚴、發展重要他人、更新社會文化」之標的。 ◎直接服務包括：庇護安置服務、心理諮商治療服務、未婚懷孕服務、外展服務、法院關懷服務、婚暴婦女及兒童服務、少女潛能發展服務、社區服務、後續追蹤服務。 ◎除了安置與輔導不幸少女，更積極推動「反雛妓」、「兒童性侵害防治」等。 ◎積極從事、獎助有關兒童性侵害、性剝削相關議題之研究調查及出版工作。 ◎自行研發完成「兒童自我保護教材」，供國中和小學教師使用，並針對「未婚懷孕」、「青少年多元服務方案」等社會議題及福利服務進行研發、服務。

教育部性別平等教育全球資訊網 http://www.gender.edu.tw/	◎提供有關性別平等的法令政策等。 ◎提供九年一貫中性別平等的課程相關規定及教學資訊。
台灣同志諮詢熱線協會 http://www.hotline.org.tw/	◎以社群互助的力量讓更多無資源的同志和社群連結，鼓勵同志交換彼此的生命經驗、扶持陪伴。 ◎以同志諮詢熱線開放的空間，提供同志朋友、同志社團可以獲得資訊，認識同志社群、互相交流、集結參與同志公共事務的空間和機會。

第五篇

順從訓練的需要

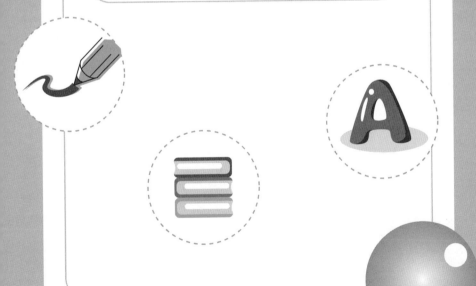

孩子叛逆怎麼辦？
──談順從訓練

🗄 個案一

媽媽抱怨小五的兒子回家總是一直玩電腦，叫他做事或吃飯會回答：「好！」罵他時也會說：「對不起！」但屁股就像黏在椅子上，總是動也不動，所以所有事情都要提醒許多遍，但卻幾乎都沒完成。弄到媽媽覺得自己愈來愈囉唆，對孩子是否能準時及正確完成事情完全沒信心，親子關係陷入膠著……

🗄 個案二

9 歲的宏益被父母形容成是個固執的小孩，在一次家長團體父母成長營的小團體聚會當中，他父親提到：「無論跟他說了多少次不可以去做那件事，甚至處罰了他，他還是不死心，很快又嘗試著去做，好像故意給我難堪似的，管也管不聽，我一定是上輩子欠他的！」

🗄 個案三

7 歲大的曉玲令她的母親感到相當頭痛和傷腦筋，她的母親說：「我很擔心我的兒子，因為他正值 13 歲，但我覺得曉玲更麻

煩，她是個女兒，結果不但不貼心，反而像個仇人似的！」在與母親的會談中，她提到自己和她女兒會彼此指責和怒罵，她經常會生氣的脫口而出罵女兒是「神經病」，或說她是「固執不講理、自私自利的人」，而曉玲也會不甘示弱地對她母親大叫：「我討厭你！」

🔲 個案四

父親向我陳述讀國中的建民是個很會找藉口的人，有錯總是別人的錯，不論怎麼跟他分析事情，他對自己不願做的事情總是推三阻四、討價還價，父母說一句，他可以回個十幾句，有時還會說謊，弄得父母不知如何與他相處。

在暑假中，許多父母要與自己的子女整日相處，突然發現孩子變成了一個熟悉的陌生人，產生父母暑假症候群。在所有父母們的抱怨中，最常被提到以及令他們感到最棘手頭痛的問題，便是應付固執、愛唱反調及大膽違抗的孩子。在設法對付這類孩子時，通常會引發一種權力之間的奮戰，那就是：到底最後會由孩子來決定依他自己的方法來行事，或者由父母來決定讓孩子順從並配合家規或者當時的命令。

前面的四個個案大概呈現了孩子違抗行為的四種典型，個案一為消極抵制型，也就是大人的指令孩子聽不懂，或是聽懂指令但假裝不知道，此種消極的不聽話，孩子並不會特別顯示敵意，也不太會發脾氣；個案二為拒絕服從型，孩子確實聽到指令且承認不去做，甚至以體態或言語來表示其不願意，此種拒絕通常不

帶有敵意，也不會造成正面衝突，但若大人施壓，孩子可能會公然反抗；個案三為直接抗命型，孩子會公然挑戰權威，將大人的指令置之度外，此種情形容易與家長爆發正面衝突，大人與孩子的關係會日漸惡化；個案四為迂迴閃躲型，孩子會對大人的要求討價還價、提出問題打岔或尋找藉口來逃避責任，同時會耍心機使大人受騙上當。

過去處理不順從和違抗行為的最大法寶是處罰壓制，但是單單靠處罰是達不到效果的，尤其若面對的是常伴隨著衝動思考問題，難從過去經驗習得教訓的孩子而言，採用增強獎勵的方式往往會更富教育意義，而且讓孩子在自然及喜悅中瞭解欲達成的目標行為，在認知改變上效果會更持久。近年來，處理兒童不順從和違抗的重點，已經從後果的控制轉移到事前的控制與行為的訓練。所以父母如果能好好說話，以對孩子說好話的方式來下命令，對增進孩子的順從度當有助益。以下我們將介紹如何對孩子下命令，以增進孩子的順從度。

「事前的控制」指的是，大人在下達命令時要控制和修改的事項。當我們盡可能掌控住所有因素時，便可增加孩子的順從度。

1. 下達命令前

父母親或師長下達命令前，可先問自己三個問題：

⑴在目前的情況中適不適合下達命令？

⑵是否可以就事論事而不以耀武揚威的方式來下達命令？

⑶有沒有足夠的準備，能貫徹命令且要孩子服從它嗎？

當大人在下達命令時，應將帶給孩子的困擾以及嫌惡的感覺減到最低的程度，且命令需基於目前情況所需要，採就事論事的

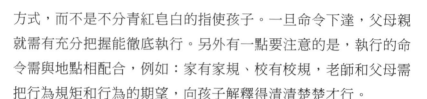

方式，而不是不分青紅皂白的指使孩子。一旦命令下達，父母親就需有充分把握能徹底執行。另外有一點要注意的是，執行的命令需與地點相配合，例如：家有家規、校有校規，老師和父母需把行為規矩和行為的期望，向孩子解釋得清清楚楚才行。

2. 命令的下達

命令的下達方式，有以下幾件事應極力避免：

⑴鎖鍊式的命令：此種指令包含無數個命令，且一個接著一個有如連珠砲。一連串的指令不僅孩子無法負荷，也會常使孩子不願去服從。

⑵模糊不清的指令：這種指令往往沒將事情交代明確，孩子很難聽從指令去做判斷，例如：「**仔細聽我講！**」應改為：「**我講話的時候，眼睛看著我！**」等孩子注意到我們，或是採取行動讓孩子注意到我們時，再說：「**如果聽不懂要馬上問清楚，而且要點點頭或是告訴我你已經聽懂我說的話。**」以具體的行為一步一步界定出來，孩子才能遵循。

⑶發問式的命令：以發問式的方式來下達命令很容易使孩子誤以為是「請求」，例如：爸爸對小明說：「**快要吃飯了，是不是可以把玩具收起來？**」這種含「是不是」、「能不能」或「可以不可以」的命令，不僅軟弱無力，更使孩子有機可乘，孩子可以照大人的意思去做，也可以拒絕或顧左右而言他。所以應該改為簡單命令句，例如：「**再五分鐘要吃飯了，請把玩具收起來。**」而有時候若以責問的口氣下達指令，也會招致同樣的反效果，例如：「**飯都快涼了，你到底要不要來吃飯啊？**」

⑷補充說明式命令：也就是下達命令後需追加一連串理由來

解釋其要求。若命令下達時孩子感覺不舒服，大人可適時解釋，但解釋應出現在下達命令前，而非在事後。事後長尾巴的解釋，常會讓孩子有迂迴逃避的機會，當大人與孩子的交談重心，從命令的執行轉移到命令是否適當，便很容易出現孩子不順從與違逆的情況，例如：爸爸可能下一個指令：「**功課這麼爛，以後再也不准你玩電腦了！**」孩子問：「**那如果學校作業需要用電腦查資料呢？**」爸爸：「**好吧！除了查作業資料以外不准玩。**」孩子：「**那如果同學要跟我用電腦做小組討論呢？**」爸爸：「**………**」

　　基於上述的顧慮，在提出命令時有以下幾點要訣可供參考：

　　⑴引起孩子的注意，且命令內容簡單、正向、清楚、可行：當年紀較小的孩子有注意力渙散的情形時，可呼喊其名字使彼此做視線接觸，然後以堅定懇切的語調告訴孩子要做什麼。使用的語言必須是孩子能完全瞭解，且確定指令內容是孩子能力可以執行的。

　　⑵要求一個命令一個動作：最好一次只交代一項指令，待孩子完成後再給下一個指令。

　　⑶提示命令後給予適當的反應時間：下達命令後，給予孩子5至15秒的反應時間，若已超過15秒則可再重述一次指令，且聲明是最後一次。假使孩子仍不願服從，則大人應在孩子出現抗爭行為之前施以輕微的處罰，例如：罰站或取消孩子某項特權等。

3. 違抗的預防

　　孩子對大人的違抗是一連串的鎖鍊關係，而鎖鍊的啟端往往是一些無關緊要的瑣事，例如：孩子質疑賞罰不公或是彼此鬥嘴，小事逐漸累積起來便會成為嚴重的行為問題。處理這些事情的原則，應在鎖鍊的啟端便控制好整個局勢。一般的違抗行為大

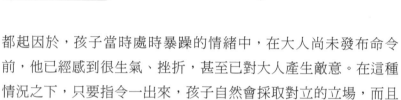

都起因於，孩子當時處時暴躁的情緒中，在大人尚未發布命令前，他已經感到很生氣、挫折，甚至已對大人產生敵意。在這種情況之下，只要指令一出來，孩子自然會採取對立的立場，而且很快的升高為爆炸式的違抗行為。當發現孩子由小事情引發為公然反抗的事端時，可採取以下幾點原則：

⑴當孩子暴躁易怒時，不要火上加油，也不要進而提出要求。最好是稍事等候，採取暫時隔離的方式，看孩子的情緒風暴已過再發號命令，例如：**「你現在很生氣，等你覺得可以談時，我再跟你談！」**或是：**「你現在很難過，我先讓你獨處 5 分鐘，我們再來談！」**說這些話時，大人自己的口氣須溫和且堅定。當孩子在氣頭上時，大人的任何指令都可能變成嫌惡刺激；也可以在孩子生氣時詢問他是否有需要協助的地方，如果能找出解決的方法，也會是消除憤怒的可行途徑。

⑵孩子提出質問與爭論的話題時，大人儘量不要捲入其紛爭。對於孩子提出的質問可以置之不理，且不要和孩子爭論，但可重複指令，並告訴他等完成指定的事情後，再來討論。如果孩子繼續不順從，可不予理會，等他冷靜下來再重新提出指令。

⑶找出孩子不順從與違抗的內在與外在觸發因素。一旦找出問題根源與事情發生的過程，便要立即打斷行為鎖鍊，且愈早愈有效。

基於上述建議，所以父母如果能好好說話，以對孩子說好話的方式來下命令，對增進孩子的順從度當是會有相當大的助益，畢竟親子天性，每一位孩子在心底深處都是想做好孩子，想順從指令，以博取父母歡顏的！

2 順從訓練從小開始

　　我是一個原本在園區工作，坐擁高薪的現代女性，但有了孩子後，為了讓他有完整的童年，就決心辭掉工作，專心照顧孩子，所以我也算是現代孟母！然而我犧牲這麼多，孩子的失序行為卻常令我身心重創，現在老大國小二年級，老二才3歲。上次看了「孩子叛逆怎麼辦？」一文，覺得順從訓練方法的下命令方式很有趣！有沒有從小訓練的方法，覺得我的老二可能還有希望！

　　　　　再不尋求支持恐難再撐下去的苦命媽　上

　　看了苦命媽的留言，感觸很多！因常接到類似的諮詢，園區有許多婦女因子女的關係被迫放棄自己的職業生涯，而因當時放棄的東西是人生中非常寶貴的理想，所以常會有些想法，例如：「我放棄工作是為了把孩子教好！」、「如果繼續工作，孩子有可能會帶不好！」無形中就會給自己一種壓力：「如果辭掉工作是為了孩子，孩子就一定要帶好！」其實孩子的特質因人而異，但母親的必勝壓力是一定會轉嫁到孩子身上，而沒有快樂的媽媽就很難有快樂的孩子！建議如果想法變成：「我辭掉工作是為了陪孩子適性成長！」、「是為了小時候給他好的教養，長大給他獨立的翅膀！」、「我想要享受養孩子的樂趣！」、「我希望我

與孩子有共同的美好回憶！」不要給雙方太大壓力，做自己，也做母親，只有母親角色，卻全然失掉自我的母親，是很難學會尊重每個孩子的獨立生活空間與個性。而讓孩子失掉自我的順從訓練，這稱為控制，而不是尊重每個個體做最好的自己，以及尊重他人生活空間的順從。曾經很喜歡一句話：「**別花一輩子時間去過生命，而不花一天的時間去享受生活！**」我願意將它改寫送給苦命媽共勉：「**別花一輩子時間去養孩子，而不花一天的時間去享受養孩子的生活！**」如果我們已經做了選擇，就要歡喜的擁抱這個選擇。畢竟成功的定義是得到我們想要的，成功的人未必真的快樂，世俗成功的定義也不一定適用在我們每個孩子身上，但幸福的感覺卻是垂手可得，因幸福的定義是：「喜歡我們得到的」，只有真心喜歡陪伴孩子的過程，才能付出無條件的愛；抱著與孩子談戀愛的心態，尊重與注意孩子的需求與個性，孩子才能心悅誠服的接受順從訓練。

其實從剛學走路的孩童到青少年的每一個階段，所有的孩子都或多或少會表現出固執、對立、負面的特質來，藉由表現出自己的意見、看法、需求和慾望來肯定自我的獨特性。從正面的角度來看，這些反抗行為是為了爭取獨立自主的積極行動，這是孩子發展成獨立個體過程中非常重要的因素。但問題就出在，當孩子們渴望追求獨立性和自主權的同時，可能視這樣的一種對立、剛愎自用的態度為支配事情的唯一手段。對父母來說，要全盤接受這樣的事實，的確是很困難的。然而，若使用強迫性或壓制性的方式來處理，孩子通常會覺得不公平，因而變得更生氣，甚至更固執。而容易出現固執反抗行為的典型家庭互動型態如下：

1. 父母能力低落，無法針對不順從行為做適當的後果懲罰。

2. 父母對順從行為無法提供適切適時的回饋。

3. 父母能力低落，無法對孩子的行為做一致性的回應。

4. 父母常採取嚴厲和處罰式的管教，包括身體上的處罰。

5. 父母溝通能力和技巧低落，無法給予孩子正向的回應和成為他的支柱。

6. 父母經常感到生活有相當大的壓力，易有頻繁的挫折沮喪情緒。

所以除了要避免上述情況，以下根據順從行為的原則以及成長各階段應注意的重點，分別作陳述。

一、增進孩子順從行為的原則

1. 學習瞭解孩子不同成長階段的需要：閱讀書籍及參考相關資訊可以讓我們對孩子在不同年齡的需求，對於不同階段的發展有更多的瞭解，你愈能預期到孩子可能會做出的要求，對孩子的心理就會有更好的掌握。

2. 學習有效的管教和管理孩子的技巧：當我們知道愈多關於如何正確的管教孩子的技巧，養育出固執和叛逆孩子的機率就愈小。通常須掌握「獎勵須與目標行為有關，懲罰須與過失行為有關」的原則，這是一個須特別注意的重點，例如：如果孩子考試成績進步，能要求的獎勵禮物可以是文具用品或書籍，但若是電玩，則需限制每日玩的時間，因主要目標是希望孩子能繼續成績進步；又例如：孩子在學校打破玻璃，則除了賠錢以外，以後該玻璃即歸他負責清潔及保管，讓他從懲罰中學會自己負責任，打

破玻璃的懲罰不應該是罰寫作業，因其與過失行為無關。我們可以用簡單的例子，來跟孩子解釋為何「獎勵須與目標行為有關，懲罰須與過失行為有關」的道理，現今非常小的孩子就聽過減肥，所以可以以減肥為例子，例如：目標是減肥，所以減肥成功後，我們給的獎勵會是合身的衣服、寬大的腰帶、高纖低熱量的食譜、面寬底窄會產生容量視覺效果的食具等，但不會是去吃到飽的餐廳大吃一頓。

　　3. 不要增強孩子固執和不順從的行為：盡可能不要採取「做好是應該，做壞就處罰」的管教態度，若孩子只有在出現固執和不順從行為時才會得到注意力，反易助長他們的偏差行為。亦即在孩子出現我們不期待的行為時，父母可以想辦法轉移其注意力或提示替代行為，而在任何時候出現期待行為時，應予以稱讚，避免落入「做好是應該，做壞則處罰」的負向循環中。平常我們的管教態度常流於「做好是應該」，這樣通常會讓孩子較沒有成就感，尤其是家中有兩個孩子時，這樣的管教方式會讓較弱勢的孩子覺得他什麼都比不上另一個孩子，易常感苦惱，而較優勢的那個孩子也會很痛苦，為什麼父母都把所有的注意力集中在弱勢的孩子身上，寫作業時只有自己乖乖的寫，父母根本不管我，寫完之後還要做家事！弱勢的孩子就有父母全程盯著，所以優勢的孩子也會想做壞事來引起父母的注意！如果我們的目的是希望孩子好，就須將孩子做好的地方具體點出來，孩子才知道下一次應該要如何做好，而不是他做不好，我們才去講他。舉例來說，有一種我們小時候都玩過的拍手找領袖遊戲，若小明是領袖，當我遠離小明時掌聲變小，當我走近小明時，掌聲變大，在不斷嘗

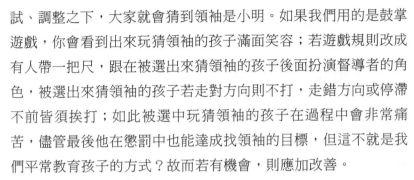

試、調整之下，大家就會猜到領袖是小明。如果我們用的是鼓掌遊戲，你會看到出來玩猜領袖的孩子滿面笑容；若遊戲規則改成有人帶一把尺，跟在被選出來猜領袖的孩子後面扮演督導者的角色，被選出來猜領袖的孩子若走對方向則不打，走錯方向或停滯不前皆須挨打；如此被選中玩猜領袖的孩子在過程中會非常痛苦，儘管最後他在懲罰中也能達成找領袖的目標，但這不就是我們平常教育孩子的方式？故而若有機會，則應加改善。

4.使用命令和要求時要合情合理，不要重複或嘮叨：父母應使用合適的要求和命令的方式，使孩子易於產生較多的順從及較少的固執行為。

5.瞭解孩子的氣質：有人說情緒是一時的，心情是一天的，性情則是一輩子的，所以瞭解孩子天生的氣質特性，學習如何與這樣的孩子相處，用他能接受的方式來愛與管教他，才能減低他難被管教行為的頻率，因若父母用我們不能適應的方式來愛我們，這種愛會形成壓力，形成有條件的愛，反易造成孩子的反抗行為。

6.瞭解主要教養者自己的氣質：我們需要瞭解，如父母比較不具耐性和敏感度，他們就可能會根據自己的情緒和脾氣來對待孩子，而不是用對孩子最好的方式來對待他們。所以瞭解自己的性情，明白它會影響你和孩子間的互動，適時改變過去所用的一些無效的管教策略，特別是那些無法引起你孩子興趣的方式，這會對我們在增進孩子順從行為上有很大的幫助。

7.降低家庭的生活壓力：長期和經常性的生活壓力，會讓父母親處理事情時不夠一致，並且提高孩子焦慮緊張的程度，從而

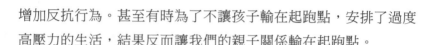
增加反抗行為。甚至有時為了不讓孩子輸在起跑點，安排了過度高壓力的生活，結果反而讓我們的親子關係輸在起跑點。

二、瞭解和管教你的孩子

（一）嬰兒期：以愛與關懷滿足基本需求

許多父母或家中長輩常要我們在嬰兒哭時，不要立即抱他，擔心會「寵壞」嬰孩，事實上，要等到嬰兒 1 歲大之後，才需要關心「寵壞」這種事。在這之前，建議父母用一致的愛和溫柔的關懷來安撫，以回應孩子的哭泣和其他痛苦的訊號。

在生命第一年的初期，嬰兒的生氣往往會透過「哭」來表達情緒，父母可以藉由安慰來平息他的怒氣，而不需屈服於孩子的需要，但健康和安全性是必須優先考慮的因素。「管教」一般而言，並不適用於嬰兒的身上，必須等到大約滿 1 歲後，才適合矯正或者阻止不希望出現的行為。在這之前，嬰兒通常無法瞭解事情後果的嚴重性。在嬰兒第一年的生命中，真正需要學習的是父母，父母須能夠自我控制和持守一致的規定，以及改變周遭的環境，滿足孩子的基本需求，來幫助嬰兒避免固執與憤怒行為的出現。針對建立與困難型嬰兒的互動關係，我們可以試試下列方法：

1. 適時回應嬰兒因尋求安慰和食物所表現的哭泣，其實這是生理需求的基本表現，無所謂「寵壞」孩子的問題；在 1 歲以前，嬰兒期的管教若太強調規範與紀律，反易對孩子的未來造成不好的影響。

2. 找出孩子一天中較固定清醒和玩耍的時間，進行固定的互動。

3.因為父母的心情會影響孩子，故試著尋求其他人或資源的幫忙，好讓我們在教養孩子的辛苦當中，得以有喘息的機會。

4.事先想到嬰兒可能的煩躁點，並盡可能在他變得過於激怒之前，就把他安頓好。

5.誠實面對自己對嬰兒的真實感受，儘管這些感受經常是負面的，也要能接受它們。就如一般書籍所描述的嬰兒與母親間的互動，常是人世間最令人感動的時刻，但你卻覺得又煩又累，甚至有些母親覺得上班還比較得心應手，假日要與一個軟綿綿的無理性動物相處，也有人說是爬蟲類，反而較困難；但卻因怕別人說我們沒母愛而不敢開口尋求情緒宣洩。其實誠實面對自己的情緒並接受它，你會發現，其實很多人有相同感受，只是跟你一樣不敢開口說出來而已，畢竟每一個人都不是天生的父母。

其實跟孩子的相處，是矛盾又有趣的，他們是那種父母見不到面會思念成疾，但見到面5分鐘後就會發現總有某處不順眼，進而產生想要管教他的強烈慾望！所以，接納自己的情緒，也要好好愛自己的孩子，這就是生活，就是責任，是一輩子的承諾。

（二）幼兒期：以正向方式建立生活常規

幼兒期是孩子一生中建立常規的黃金期，他們會很渴望自己快快長大，做大人能做的事，模仿性強，喜歡受到權威體的讚美，但口語表達能力及執行力卻有限，故而常給權威體幫倒忙的感覺，其實如果我們可以多點耐性，並注意自己要給孩子的典範，這時期所形塑的概念與習慣，往往會影響孩子非常久遠，我們可以嘗試做到下列幾點：

1.避免給孩子貼上愛生氣、被寵壞、自私、難以駕馭等「壞小孩」的標籤。

2.用簡單、清楚、正向、可行的方式，給予孩子請求和指示，並且適時的給予鼓勵。這個時期的孩子通常是順從訓練的最佳時期，因他們有強烈希望取悅權威體的傾向，時時刻刻希望幫父母的忙，幼稚園老師的話對他們而言，就像《聖經》一般，是道路、真理及生命的綜合，所以「**我媽媽說……**」或「**我老師說……**」是他們整天掛在嘴上的口頭禪，因此千萬不要覺得他們能力不足，而不要求或請求他們幫忙，不要嫌他們動作慢或做不好而自己搶著做，這樣反而會在無形中剝奪了孩子的學習機會；所以應該常常用簡單、清楚、正向、可行的方式，給予孩子請求和指示。

3.孩子發脾氣時，不要用爭辯、威脅和體罰的方式來處理，而可以用暫時隔離或是取代行為的方式來處理。

4.給孩子緩衝的時間，來改變他們的心意和使他們說「是」。

5.對他們不想做的事，設法把它包裝成他們喜歡的事情，藉此來吸引孩子執行。

6.對於破壞性或攻擊性的行為，應立即給予糾正。

7.當孩子在鬧脾氣時，父母應對可接受和不被接受的行為，設立明顯的限制。

（三）小學階段：在溝通與傾聽的原則下，一致性的建立順從訓練向度

這階段的孩子已開始具備基本溝通能力，有自己的看法，所

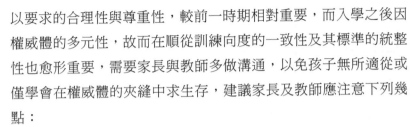

以要求的合理性與尊重性，較前一時期相對重要，而入學之後因權威體的多元性，故而在順從訓練向度的一致性及其標準的統整性也愈形重要，需要家長與教師多做溝通，以免孩子無所適從或僅學會在權威體的夾縫中求生存，建議家長及教師應注意下列幾點：

1.練習良好的溝通技巧，好比用回應性的方式來傾聽、用同理心體認孩子的感受，或用講道理的方式來解釋。而在小學階段後期，也必須保持開放的溝通管道，並且針對10～13歲孩子發展上的需要，給予適度的尊重和關懷。

2.關於父母設立的所有規定和限制，除在期望和執行時須一致外，要給這個階段的孩子充分健全的理由。

3.學習避開爭辯，同時在面對反抗行為時，要保持溫和且堅持態度，做好自己的情緒管理，讓孩子學會跟你做討論，而不是談論或辯論。

4.尋求解決問題時可採折衷辦法，採納孩子意見，增進他的家庭參與感。

5.創造和睦的家庭氣氛，允許孩子在限定範圍內的選擇權。

6.常提醒自己順從訓練的四大步驟：(1)說出你打算要做的，這意謂著你自己必須非常清楚的定義出相關的規定、限制和期望；(2)做到你所說的，當你設立一項規定或是表達出你的期望時，你必須非常肯定，一旦說出就要做到，所以說之前必須考慮情境、執行的可能及自己的可監督性，因唯有事情是可行的、能監督孩子的行為，以確保他確實去做了，才有達成目標的可能；(3)確定你的要求是一致的，你必須對你所說的和你打算要做的決

定，保持堅決肯定和一致的態度，因為在教養上的法則是——「一旦你曾經破例，他總是永遠記得」；(4)讓孩子為自己的行為負責，跟孩子說出你打算怎麼做，讓他相信你是勢在必行的，給你自己足夠的權力與堅持度，成為一個一致性和能給予孩子期望的父母。

（四）青春期：在尊重孩子獨立性及生活空間的原則下，以引導及非批判方式提供家庭標準、期望和規定的提醒

青春期的青少年們正展開人生之旅，他們關心的事項包括：學校、同儕、不斷成長變化中的身體，和必須承擔新的責任。由於這是一個讓他們從孩童時期邁向成人的階段，算是一個短暫的過渡時期，因此我們可以預見，他們在維持既有的安全感和以往孩童時期的依賴關係，以及渴望成為大人和獨立個體之間，會有所衝突。青春期的孩子通常透過具有敵意的方式，試圖呈現獨立性，通常會缺乏合作意願，而且堅決固執的反抗大人，特別是他們的父母；儘管父母在青少年的生命中，仍然扮演相當重要的角色，但這時期的孩子卻愈來愈會受到同儕的影響。因此，父母和青少年之間的關係，需要重新調整和改進。

對父母來說，尋找出一種適合於青少年身上的管教模式，是一種很普遍的煩惱，通常這表示要從以往的生活模式中，加以改變和調整。在青少年階段，管教的目的並不是要重新確定父母的權威和控制力量，主要目的在於，在孩子有需要時給予引導，所以管教是一種提供家庭標準、期望和規定的提醒。

1.針對青少年的言行舉止，要採取一種非批判性的態度。與

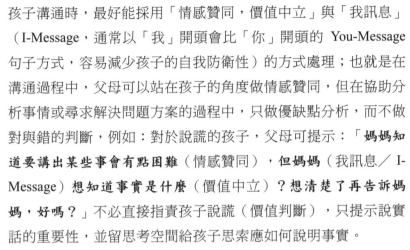

孩子溝通時，最好能採用「情感贊同，價值中立」與「我訊息」（I-Message，通常以「我」開頭會比「你」開頭的 You-Message 句子方式，容易減少孩子的自我防衛性）的方式處理；也就是在溝通過程中，父母可以站在孩子的角度做情感贊同，但在協助分析事情或尋求解決問題方案的過程中，只做優缺點分析，而不做對與錯的判斷，例如：對於說謊的孩子，父母可提示：「**媽媽知道要講出某些事會有點困難（情感贊同），但媽媽（我訊息／ I-Message）想知道事實是什麼（價值中立）？想清楚了再告訴媽媽，好嗎？**」不必直接指責孩子說謊（價值判斷），只提示說實話的重要性，並留思考空間給孩子思索應如何說明事實。

2.確定父母提出的規定和限制是合情合理、敘述清楚，以及容易瞭解的。

3.讓青少年知道違反規定的後果為何，確定這些後果是公平的，要他只跟自己先做比較，否則孩子通常會舉自己所知最糟的例子或標準來要求父母做比照。

4.針對青少年愛唱反調和大膽違抗的行為，要用冷靜、合理和尊重的態度來回應，避免責難、貼上某項標籤，或是欠缺公平的斷定他們是什麼樣的人。

5.給青少年機會，允許他們自行決定，並且信任他們會做出合理的決定。通常孩子自行或參與決定後，順從執行的成功比例會較高，但父母可用些小技巧，確定孩子是走向我們要的方向，也就是在提供選擇時可先將規定講清楚，但在我們父母要的選項旁，可以搭配一個孩子要付出較多代價的選擇，如此孩子通常會心甘情願選擇我們父母心中要的選擇，而且會喜悅自己可以做決

定。這就像我們希望討厭吃藥打針的孩子看完醫生後能服藥，但若問：「要不要吃藥？」孩子會回答：「不要！」可以改為問他：「你要吃藥還是打針？」孩子便會回答：「吃藥！」但如果真的需要怕打針的孩子打針，便可以呈現一排針讓孩子選，孩子會自行選擇看起來最小，可能打起來最不痛的那根針，但他還是接受打針了。

　　所以在順從訓練的過程中，如果我們希望孩子能幫我們做事，那麼我們就不要用：「有誰要幫媽媽倒垃圾？」或是「可不可以幫媽媽倒垃圾？」的說法，而要用：「誰要先幫媽媽倒垃圾？先倒垃圾的，待會兒可以不必幫忙收衣服。」或是「你要幫媽媽倒垃圾還是收衣服？」在選擇有付出代價高低的可能時，孩子通常會選擇輕鬆的，但其實仍是我們要的選擇。

　　孩子的管教問題是值得一輩子學習的藝術，在不同時間點會有不同的火花，而儘管他們常常犯錯，我們還是無法控制的深愛他們。所以我常告訴自己：「孩子的犯錯是暫時的遺憾，但錯過孩子的成長會是永遠的遺憾！」如果能有這樣的心態，在教養孩子的過程中，我們比較容易由決定者成為引導者，當我們是一個孩子信任與需要的引導者時，順從行為也就自然的發生了！

3 接受孝順也是一種教養藝術

　　每年到了母親節，總會看到模範母親的表揚，報導內容多是：以表揚因丈夫早逝，而含辛茹苦獨力照顧公婆、撫養子女長大成人，且子女皆為碩博士畢業或事業有成的母親為職志。另一方面則是，電視或各種廣告活動上商業化的母親節，母親節的慶祝意義只剩下百貨公司母親節特賣活動、化妝品打折、電動按摩椅廣告、母親節特餐、各式蛋糕及康乃馨。所以台灣地區的母親多數會在此時吃著口味雖異，但形式類似的蛋糕，就如同近年來，年夜飯桌上全國幾乎一致的佛跳牆與外賣年菜、中秋節時的烤肉活動，或情人節時的巧克力一樣一致。我對前者的模範母親表揚，有時會覺得價值觀太單一化，其實丈夫外遇或是家暴個案後的單親，辛苦撫養子女的女性，其母愛一樣偉大，但卡在台灣社會對失婚者的接受度較低；又或是家庭幸福美滿，能同時兼顧家庭與事業的職業婦女，在人生平衡與親情經營上也必然有其獨到之處，其母愛也同樣偉大；但或許在評審時少了故事性與渲染力，便較不會被選上。

　　而我其實對前面所提的後者，即所謂母親節商業化現象，更覺憂心，是否我們的下一代會不再揣摩母親的需求與喜好，不再念恩、知恩、感恩，而一味以最便利的商業化儀式及商品，來呈

現形式上的孝順。其實根據平常觀察，我們上一代或這一代喜歡吃西式蛋糕的母親還真不是很多呢！還是，會如此商業化的原因，是因為我們的母親被社會價值觀養成不太會表達自己的需求及喜好，總是以「**我什麼都不缺**」或是「**不要浪費錢**」來對應子女的孝順行為，當子女無從揣測出母親心意時，只有從俗，但從俗之後，可能又因不符需求被責備，或是無法從母親的反應中得到成就感，母親節的意義也就愈來愈淡薄了。

　　所謂「孝順」，多數人會心有同感，即談「孝」很容易，要強調「順」卻很難，子女容易明白孝的涵義，但要執行順的行為時，家長若不能由小從旁協助，讓他學會如何幫助你，學會如何孝順你，偶而的示弱、長期的誘導，小孩會更貼心，更懂得如何順應你的需求來照顧你，不必等到養兒方知父母恩，亦即家長要學會，接受孝順也是一種教養藝術。這其間有一個重點，如果家長能讓孩子由孝順行為中得到成就感與回饋，小孩自然較易養成能讓爸媽寬慰與有安全感的孝順行為。

　　為什麼我要建議家長，要讓孩子由孝順行為中得到成就感與回饋呢？為什麼我要說接受孝順也是一種藝術呢？因學習動機可以分為三個成分來談，即價值成分、期望成分和情感成分：

　　1.價值成分（Can I do this task?）：可解釋為對工作表現的信心或判斷，必須要對自己能力而言，是做得到的事，一般人才會有信心開始去做。將協助父母複雜的事項及過程，分解成具體而能達成的步驟，會增進孩子的配合動機；所謂「具體」及「能達成」是很重要的概念，所以要求最好具體明確且符合孩子的能力。

　　2.期望成分（Why am I doing this work?）：強調學習本身的

興趣及重要性,所以選孩子做得到的事,將孝順的行為目標(例如:父母的愉悅及舒適)與生活化事務相結合(例如:一起做家事)是件可以提昇學習動機的事。

3. 情感成分(How do I feel about this task?):則是學習者於學習時的情緒反應,人們通常都是較喜歡愉悅感覺的,所以接受孝順行為後的我們是否也是知足感恩,讓子女享受孝順父母的成就感,子女才會持續做下去。

分寸間的拿捏,就如同我常覺得,接受別人幫助之後的反應是一種相處藝術,接受孝順行為之後的反應更是一種教養藝術。在教養的過程中,千萬不要怕孩子不會做,而要怕我們沒注意到動機的因素,要怕他不願做。

現今 35 到 55 歲的這一代,是被稱為三明治的一代,上有父母要孝順,下有子女要教養,而父母對我們的觀念是「養兒防老」,但我們對子女可能已是進入「養老防兒」的概念,很怕我們自己年輕時要孝順父母、照顧子女;年紀大了,還要照顧家中永遠不會長大的「啃老族」,以及隔代教養的孫子、孫女。其實若要改變這種現象,可能要從子女自小表現孝心時,我們的反應,以及我們有沒有無意中剝奪了子女呈現孝心的機會開始省思起,而母親節其實是一個很好的契機。大部分學校會在此時發放「愛親卡」或是「愛媽禮券」,常發現許多父母一面抱怨:自己的子女平常多不會體諒爸媽;媽媽在家像台傭,水果沒削好就不吃,地剛拖完就弄髒;只知玩電腦不知幫忙;從小期盼他說話,現在只知頂嘴;高興他很早會走路,現在卻每天恨不得每天將他關在家裡……。但很奇特的是,這些煩惱子女不貼心的爸媽,卻

在機會或屬於自己的節日來到時，輕易的讓它從手上溜走！他們會在愛親卡或是愛媽禮券上隨便簽名，聲稱自己什麼都不缺，或是用輕忽的態度面對這張卡，覺得那只是學校的作業，小孩不可能達到自己的願望，或是許下模糊的願望，在小孩努力要取悅父母時，卻因自己的不自在而給予嘲笑。小孩會由父母的回饋中或是達不成願望的挫折中，慢慢放棄取悅父母的動機。

想一想，有時我們不想帶自己的長輩出去外食，是因為他們會每盤菜都要問多少錢，覺得家裡有食物，何必出來吃，讓大家吃飯變得很痛苦；不想帶他們一起出去玩，是他們總認為山就是山，水就是水，到了遊樂園或博物館門口，常心疼門票錢而不肯進去，說是自己不想看，風景名勝在電視上都有播，要我們自己帶小孩進去看就好，但子女常因擔心父母，所以最後連小孩也不必進去了。父母也可能讓你花了大錢到夏威夷，卻不願花 75 美元一起在夏威夷體驗水下潛水艇，看美麗海中世界的樂趣，可是他在買人蔘或各種保健食品時，卻非常捨得花錢，而且還要你一起吃。所以安排一家三代一起出去玩，真也是一種藝術！但我們就真的不帶自己的父母出去吃飯或出去玩了嗎？其實我們不必灰心，或覺得家中老人家難以取悅，因老人家就跟孩子一樣，不要看孩子說了什麼，要看孩子做什麼，因他們可能當場抱怨，回去之後卻不斷跟老朋友誇口說，子女帶他去哪裡玩、買了什麼，因老人們在一起，總是會比較子女職業、收入，甚至包括每月的生活費及年終壓歲錢等。所以他們雖然口頭抱怨或看起來不在乎，只是他們這代所受的教育，讓他們難以明白接受孝順也是一種教養藝術，讓他們難以直接表達自己的需求，而會用委婉或是測試

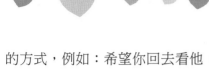

的方式，例如：希望你回去看他，卻擔心影響你工作，所以最後說出來會變成是身體不舒服，但當你陪他去看醫生時，又嫌醫院太擠，想改為去逛大賣場，所以子女最後會弄不清楚，到底爸媽是真的不舒服還是裝的。其實父母只是想要你的陪伴，就如同小孩不想上學時會說肚子痛；但如果每次都增強負向行為，即肚子痛時才不用上學，父母會請假陪他，那麼想要父母陪的小孩，就會每逢要上學就鬧肚子疼。所以如果家中老人家難以取悅或是抱怨不斷，我們反而應該盡可能轉移他們的注意力，讓他們明白其實錢能買得到快樂，為何不買！因為有許多快樂是金錢買不到的。而且大家都有經驗，如果跟我們出去玩的人，具有可玩性及高的興致，我們會很有成就感，也會認定他們是好玩伴！所以讓自己的爸媽明白，可以達成他們的心願，看著他們快樂，我們就會有千金不換的快樂；但如果他們老是悶悶不樂或是提不起興致，便會讓我們怯於嘗試。

別讓我們自己在面對子女時，犯了跟上一代一樣的錯誤！讓我們在母親節時成為容易被取悅的母親，而是將自己平常的抱怨變成願望，例如：請子女在母親節這天下午 5 點以前寫完作業，別讓媽媽熬夜陪寫作業；請削一盤水果給媽媽吃；請兩個小孩當天拖地等。讓子女知道我們的想法及需求，也讓孩子由孝順行為中得到成就感。所以收到愛親卡或是愛媽禮券時，請慎重以待，但請不要許不可能的願望，例如：永遠不要再犯錯；不要許模糊的願望，例如：媽媽什麼都不要，只要你乖乖的；不要許對方很難達成或做不到的願望，例如：對向來成績排二十幾名的孩子許願要他考前三名，或是每次在校模擬考排序皆在百分等級七十以

下的孩子考上第一志願。

我自己曾在母親節時，跟當時讀小學的小孩許過一個很有趣的願望，即是希望母親節當天，我演孩子，他們扮演父母，照顧我半天即可，兩人覺得很簡單就答應了。但當我一早起床，像他們平常一樣大聲嚷嚷：「**今天早上吃什麼？我要吃邊邊焦中間軟的荷包蛋兩個，大蕃茄兩個，要切開去蒂！**」至今我仍然清楚記得那四隻瞪得非常大，充滿無法置信的表情，等了近40分鐘，聽到兩個小鬼為了誰煎蛋、誰切水果在廚房爭執後，我終於得到兩個「形狀破碎」的荷包蛋及看起來像被「重捏過」以致類似蕃茄汁的蕃茄切盤。我謝謝辛苦的「爸媽」，好整以暇的拿起報紙，津津有味的享用母親節早餐，覺得養孩子近十年的辛苦，總算有了回報。那天早上因其他的小小要求而充滿樂趣，當然後來我因表現不良，而被罰不准「玩電腦」。而且聰明的他們在來年的母親節將到來時，即已再三提醒，什麼願望都可以，但不准媽媽再扮演小孩了，若真的要扮，請換爸爸演媽媽。即使只有一次經驗，但現在的我，可是在飯後有漂亮水果切盤吃的媽媽，真是謝謝上天給我兩個孝順的小孩！

第六篇

應對網路世代

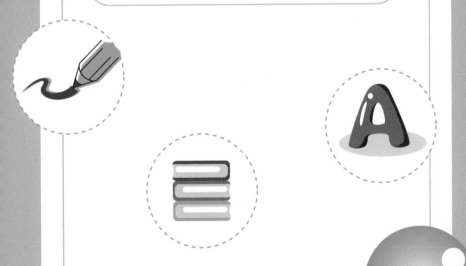

家有網路成癮兒嗎？
──網路成癮的評量

🍰 個案一

　　一位母親抱怨家中的國二孩子眼中只有電腦，常玩到廢寢忘食，幾乎在家的任何時候，他都是眼睛盯著電腦；而長大後的志願更是希望像在新竹科學園區工作的爸爸一樣，可以每天玩電腦又不會被罵。接他放學，他常因要外食或需要買些東西不能馬上回家玩電腦，而跟媽媽發脾氣或哭鬧，弄得媽媽就算上班疲倦想外食也會儘量避免，沮喪的媽媽覺得自己是家裡的外星人，只是三餐的料理者與家務整理人，「難道媽媽不如電腦重要嗎？有時我連出去買菜再回來，他們都玩電腦玩得不知道……」眼眶泛紅的媽媽如是說。

🍰 個案二

　　家長投訴念國小的孩子整天黏在電腦前，說的話全是跟電腦遊戲有關的，父母想利用假日或暑假帶他出國玩卻換來他的哭鬧，因深怕自己在網路上的國家會因沒堡主經營而被攻占；變成父母須用「若成績退步則一定要陪父母出去玩，若成績維持才能在家玩電腦」的方式管教，孩子才就範。但卻造成父母安排休閒

生活時極大的壓力，同時覺得無所適從，教育書籍上不是都說，要多帶孩子到戶外走走嗎？最近孩子開始經營自己的部落格後，情形似乎更嚴重了，因連父母或老師問他事情，他只會有一句標準回答：「請看我的部落格！」

　　最近有許多父母在諮詢時，抱怨孩子沉迷於網路的現象，通常媽媽沮喪程度會更高，因會覺得不只孩子，自己的丈夫也都深陷其中，自己是家裡唯一的苦力。

　　所謂的網路成癮是指，過度沉迷於網路，所引起類似藥癮、酒癮、病態性賭博等上癮行為，這種情形隨著國內科技業發達、電腦網路普及率逐年升高，而漸趨嚴重。

　　Greenfield 於 2000 年的研究指出，約有 6% 的網路使用者是網路成癮者。台灣地區的網路使用者大約有 600 萬人，其中學生占了 40.9%，如果依照此比例估計的話，台灣地區大約有 36 萬人符合網路成癮的標準，其中大約有 14.4 萬人是學生。網路成癮的歷程大概可分三階段來說明，分別為網路成癮初期、中期及後期，初期症狀是「上網時間增長型」，屬於剛接觸網路，但上網時間會不斷增加，處於沉迷的初期階段；中期症狀為「問題出現型」，上網時間愈來愈長，逐漸發生人際、課業、健康等生活問題；第三期則是成癮最嚴重，時時刻刻都無法擺脫上網的念頭，不上網便會坐立難安、無法自拔。如能儘早發現此類學生，適時給予適當協助，將有助於降低學生學習等身心健康困擾。

　　網路成癮在家庭教養方面，事實上是一個較複雜的問題，同時可能許多人都還在摸索階段，也缺乏前人的經驗可供參考，愈

發造成面臨此種問題之父母惶恐與孤立的感覺，因此，接下來要來探討網路成癮之界定、歷程、鑑別，以及相關的預防與處遇之教養策略。

「網路成癮症」（Internet Addiction Disorder, IAD）一詞，始於 1995 年美國精神科醫師暨臨床精神藥理學家 Ivan Goldberg 所提出，此一專有名詞用來形容因為過度沉迷網路，而形成類似行為性成癮的失常行為。並且參照 *Diagnostic and Statistical Manual of Mental Disorder-IV*（精神疾病的診斷與統計手冊，DSM-IV）對於「病態性賭博症」的定義，認為網路成癮者可能出現的症狀包括以下幾項：

1.為求得滿足而使上網時間顯著增加。

2.停止或減少網路使用，將導致在數天或一個月內發生下列情況：心因性肌肉運動的不安現象、心情焦慮、對網路上所發生的事情有反覆的思念、產生與網路有關的幻想，以及自發性或非自發性的手指打字動作。

3.網路的使用逐漸超出原來預期的頻率與時間。

4.曾努力想要控制或停止網路使用，卻徒勞無功。

5.會花更多時間在與網路有關的事務上，例如：上網訂購書籍、測試新的瀏覽器、研究網路上的廠商資料及整理下載的檔案等。

6.重要的社交、工作及娛樂等活動，均深受網路使用的影響而放棄或減少。

7.即使發現由於過度使用網路而導致在心理、生理、社交及工作上不斷出現問題（例如：睡眠時間減少、婚姻困境、遲到及

怠忽職守等），也不會停止使用網路。

網路成癮者並不一定會同時出現上述所有的症狀，但若行為中有一種或多種符合上述症狀，則可說該網路使用者可能具有網路成癮症的傾向。網路成癮症與其他成癮症最大的差異，在於網路成癮症並沒有生理的依賴現象。英國學者 Griffiths 於 1996 年提出，網路成癮症的病態心理，本質上與強迫性賭博最為接近。在他的研究中發現，100 個網路成癮症的受試者中，有 22 人表示他們在上網時，可感受到如同使用古柯鹼產生的欣快感；12 人表示在上網時他們可忘卻煩惱，以心理的依賴為主。美國匹茲堡大學學者 Young 於 1997 年對網路成癮歸納了八個主要特徵，提供臨床診斷參考，較廣為現代人所採用。其中包括：

1. 生活全神貫注於網路活動，即使下線後仍想著上網的情形。

2. 每次上網時間一次比一次久，才能滿足自己的上網需求。

3. 無法控制上網時間，上了網就停不下來。

4. 當離線或不能上網時，容易有不安、易怒、沮喪或暴躁心情。

5. 在網路上所花費的時間，較原來預估久。

6. 因為上網使得重要的人際關係、課業或工作陷入困境。

7. 曾對家人或醫生隱瞞自己對網路涉入的程度。

8. 利用網路來逃避問題或平復煩躁不安的情緒，例如：釋放一些感覺，如無助、罪惡感、焦慮或沮喪。

若其中有 5 項或 5 項以上的答案是肯定，則有網路成癮的危險，若每週上網超過 40 個小時，就更加符合診斷的確定性，須尋求精神科醫師協助。如果必須藉由網路上得到的滿足感與日俱

增，無法上網就很焦慮，甚至影響到平常作息，這樣的情況若持續 6 個月以上，就構成了精神科定義中的成癮（此為一套簡要的八項診斷問卷，符合了其八項量表中的五項以上，則列為網路成癮者）。

Griffiths 在 1998 年進一步提出，網路成癮並不能單純視之為一般的物質性成癮，他認為這種成癮應算是科技性成癮的一種，即類似「人機互動」（Human-Machine Interaction）中所形成的依賴狀態，與以往的電視與電動玩具成癮的情況較相似。在科技成癮中，事物本身不是成癮的唯一因素，其中還存在著許多互為影響的吸引力量，與不斷循環的強化性。此外，Griffiths 亦提出類似 Young 的「網路成癮判斷指標」，其模式也是參照 DSM-IV 的診斷標準，將網路成癮的判斷訂出七項指標，如果網友達到其中的三項，即可視為網際網路的依賴者（Internet-Dependent）。這七項指標如下所述：

1. 耐受性：網路的使用會隨著時間而持續增加。

2. 上網時間延長：網路的使用時間會比上網前所預估的還要長。

3. 網路取代：對於可以透過網路來進行的活動，會投入大量的時間來進行。

4. 以犧牲來得到滿足：對於平日的社交性、工作性、娛樂性等活動的時間明顯減少，來滿足更多上網時間的需求。

5. 不在意負面的影響：察覺到網路的使用已經造成工作上、學校課業、經濟負擔或是家庭問題，但仍然沒有減少網路的使用。

6. 戒斷反應：在停止網路的使用後，會產生不舒服的身心反

應，例如：情緒不佳、心浮氣躁、胸部煩悶、焦躁憂鬱等。

　　具有「網路成癮症」特徵的高危險群，通常還會出現一些與病態性賭癮（Pathological Gambling）、運動狂（Compulsive Exercise）、購物狂（Compulsive Shopping）或工作成癮（Workaholic）等衝動控制障礙症（Impulse Control Disorders）或物質成癮疾患（Substance Addiction）相似的核心症狀。除了上述的身心行為症狀外，重度使用電腦甚或網路成癮的人，還要付出一些社會適應與身體健康的代價，例如：忽略原有的家居與社交生活，包括與家人朋友疏遠。常見因長時間上網，造成時間管理失當、作息不定，遂而擔誤工作、學業，進而影響正常生活，甚至出現身體不適反應，例如：眼睛痠、視力減退、頭痛、肩膀痠痛、腕肌受傷、睡眠不足、胃腸不適等問題。

　　而國內則在 1999 年，才由陳淑惠的「網路沉迷現象的心理病理之初探」研究，進一步探討國人的網路成癮行為，以及可能的矯治方針。網路沉迷或成癮高危險群在下列陳述的心理與行為向度上，比一般學生具有更高的傾向。

 網路成癮症狀傾向
（Internet Addiction Core Symptoms）

　　1. 網路成癮耐受性（Tolerance of Internet Addiction）：指隨著使用網路的經驗增加，原先所得到的上網樂趣，必須透過更多的網路內容或更長久的上網時間，才能得到相當程度的滿足。

　　2. 強迫性上網（Compulsive Use）：指的是一種難以自拔的上網渴望與衝動。在想到或看到電腦時，會有想要上網的慾求或衝

動。

　　3. 戒斷反應（Withdrawal Response）：指的是上網之後難以脫離電腦；使用電腦或網路時，精神較為振奮，渴求能有更多的時間留在網路上。如果突然被迫離開電腦，容易出現挫敗的情緒反應，例如：情緒低落、生氣、空虛感等，或者是注意力不集中、心神不寧、坐立不安等反應。

　　以下為兩個國內外常用的網路成癮的檢核量表，讀者可以自己或幫家中小孩檢核一下喔！

中文網路成癮調查表

　　「中文網路成癮調查表」（CIAS）是陳淑惠在其 1999 年行政院國家科學委員會專題研究計畫「我國學生電腦網路沉迷現象之整合研究」中所提出，其量表總分與各分量表得分均符合常態分配的特性（$p < .0001$）。本量表由 26 題的四分量尺問題所組成，其中，1 分為「極不符合」，4 分為「非常符合」。各題總分代表個人網路成癮之程度，分數愈高代表網路成癮的傾向愈嚴重。量表中包含以下五大因素：(1)強迫性上網行為；(2)戒斷性行為與退癮反應；(3)網路成癮耐受性；(4)時間管理問題；(5)人際及健康問題。

1. 曾不只一次有人告訴我，我花了太多時間在網路上。　1 2 3 4
2. 我只要有一段時間沒有上網，就會覺得心裡不舒服。　1 2 3 4
3. 我發現自己上網的時間愈來愈長。　1 2 3 4
4. 網路斷線或接不上時，我覺得自己坐立不安。　1 2 3 4
5. 不管再累，上網時總覺得很有精神。　1 2 3 4
6. 其實我每次都只想上網待一下子，但是常一待就待很久下不來。　1 2 3 4
7. 雖然上網對我日常人際關係已造成負面影響，我仍未減少上網。　1 2 3 4
8. 我曾不只一次因為上網的關係而睡不到 4 個小時。　1 2 3 4
9. 從上學期以來，平均而言我每週上網的時間比以前增加許多。　1 2 3 4
10. 我只要有一段時間沒上網就會情緒低落。　1 2 3 4
11. 我不能控制自己上網的衝動。　1 2 3 4
12. 我發現自己投注在網路上，而減少和身邊朋友的互動。　1 2 3 4
13. 我曾因為上網而腰酸背痛，或有其他身體不適。　1 2 3 4
14. 我每天早上醒來，第一件想到的事就是上網。　1 2 3 4
15. 上網對我的學業或工作已造成一些負面的影響。　1 2 3 4
16. 我只要有一段時間沒上網，就會覺得自己好像錯過什麼。　1 2 3 4
17. 因為上網的關係，我和家人的互動減少了。　1 2 3 4
18. 因為上網的關係，我平常的休閒活動時間減少了。　1 2 3 4
19. 我每次下網後，其實是要去做別的事，卻又忍不住再次上網看。　1 2 3 4
20. 沒有網路，我的生活就毫無樂趣可言。　1 2 3 4
21. 上網對我的身體健康造成了負面的影響。　1 2 3 4
22. 我曾試過想花較少的時間在網路上，但卻無法做到。　1 2 3 4
23. 我習慣減少睡眠時間，以便能有更多的時間上網。　1 2 3 4
24. 比起以前，我比須花更多的時間上網才能感到滿足。　1 2 3 4
25. 我曾因為上網而沒有按時進食。　1 2 3 4
26. 我會因為熬夜上網而導致白天精神不濟。　1 2 3 4

項目意義：1 代表極不符合（得 1 分）；2 代表不符合（得 2 分）
　　　　　 3 代表符合（得 3 分）；4 代表非常符合（得 4 分）。
代表各因素的題目如下：
1. 強迫性上網行為：第 11、14、19、20、22 題。
2. 戒斷行為與退癮反應：第 2、4、5、10、16 題。
3. 網路成癮耐受性：第 3、6、9、24 題。
4. 時間管理問題：第 1、8、23、25、26 題。
5. 人際及健康問題：第 7、12、13、15、17、18、21 題。

 ## 網路成癮評量表

編譯自 Young 與 Kimberly 的網路成癮評量表

1. 你會發現上網時間超過原先預計的時間嗎？
2. 你會放下該完成或執行的事而將時間用來上網嗎？
3. 你對上網的興奮感或期待遠勝於其他人際互動嗎？
4. 你會在網路上結交新朋友嗎？
5. 你會因為上網而被他人抱怨或指責嗎？
6. 你會因為上網而上學或上班遲到、早退或缺勤嗎？
7. 你會不自主的檢查電子郵件信箱嗎？
8. 你會因為上網而使工作表現失常或成績退步嗎？
9. 當有人問你上網做些什麼時，會有所防衛或隱瞞嗎？
10. 你會上網尋求情感支持或社交慰藉嗎？
11. 你會迫不及待的提前上網或一有機會就上網嗎？
12. 你會覺得少了網路，人生是黑白的嗎？
13. 若有人在你上網時打擾你，你會憤怒嗎？
14. 你會因為上網而犧牲晚上的睡眠嗎？
15. 你會在離線時仍然對網路活動的內容念念不忘嗎？
16. 當你上網時會一再延長自己上網的時間嗎？
17. 你曾嘗試縮減上網時間或不上網卻失敗的經驗嗎？
18. 你會試著隱瞞自己的上網時數嗎？
19. 你會選擇把時間花在網路上而不想出門嗎？
20. 你會因為沒上網而心情鬱悶、易怒或心神不寧嗎？

結果分析

幾乎不曾（1分）；偶爾（2分）；常常（3分）；幾乎常常（4分）；總是
如此（5分）。

1. 正常級（20～49分）：你是屬於正常的上網行為，雖然有時候你會花了
   些時間在網路上消磨，但還有自我控制的能力。

2. 預警級（50～79分）：你正遭遇到因網路而引起的問題，雖然並非到了
   積重難返的地步，但還是應該正視網路帶給你人生的衝擊。最好要有警
   覺，並改變上網習慣囉！

3. 危險級（80～100分）：你的網路使用情形已經成為嚴重的生活問題，你
   應該評估網路帶來的影響，並且找出病態性網路使用的根源。你或許已
   經成為成癮者，恐怕需要很強的自制力才能使你回覆到常態，建議你趕
   快找專家協助。

參考文獻

Young, K. S. (1997). *Internet addiction: The emergence of a new disorder*. Presented at the 1997 American Psychological Association Annual Conference.

Young, K. S., & Rodgers, R. C. (1998). The relationships between depression and internet addiction. *Cyber Psychology and Behavior, 1*, 25-28.

2 跟網路成癮說再見
──網路成癮的預防及處遇

在上一篇中，我們談了網路成癮的特徵及評量標準，這一篇我們將談談網路成癮的預防與處遇。若將網路成癮行為細分，可發現它並非是一種單一症狀，大致可涵蓋「重複成癮行為」、「焦慮特質」、「衝動控制障礙」等特質，一般來說可分為五種型態：

1. 網路性成癮：一再沉迷於成人聊天室或網路色情圖片與訊息。

2. 網路人際關係成癮：以網路聊天室或以網路社群的人際關係，取代了真實生活中的朋友和家人，當然也包括網路戀情。

3. 網路強迫症：一再強迫性的上網購物或賭博。

4. 資訊缺乏恐慌症：因害怕資訊不足而不停地在網路漫遊或搜尋資訊。

5. 電腦成癮症：強迫性地玩電動遊戲或程式設計師一再地沉迷於程式設計。

朱美慧於 2000 年時，曾將個人特性和成癮行為加以研究分析，有三點主要發現：

1. 自尊愈低，情緒商數愈低，兩性交往關係愈不好的男性，愈傾向「休閒娛樂」及「虛擬情感」的網路使用行為，「資訊性」的網路使用行為傾向則愈低。

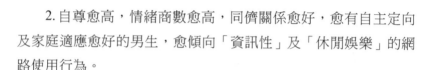

2.自尊愈高，情緒商數愈高，同儕關係愈好，愈有自主定向及家庭適應愈好的男生，愈傾向「資訊性」及「休閒娛樂」的網路使用行為。

3.學習適應愈不好但愈有自主定向的人，愈偏向「虛擬社交」、「資訊性」及「虛擬情感」的網路使用行為。

這說明了不同的個人特性，有不同的網路使用偏好。也就是說，自尊愈高，情緒商數高，人際關係愈好，學習適應愈好，愈有自主定向、家庭適應愈好的學生，較不會有上網時間加長、產生逃避性情緒及強迫性反應的行為出現；反之，則傾向有「網路成癮」行為。在我們對網路成癮行為有一定的瞭解後，以下針對網路成癮的預防與處遇，給予家長一些建議。

一、具備網路使用之基本知識技術

父母並不一定要是網路高手，但是必須具備基本的網路使用知識和技巧。最好能共同和孩子討論上網的相關話題，或者是共同上網，並且瞭解他們常去的聊天室或電子布告欄，以協助其調適上網需求，減少上網尋求非迫切性的資訊。

大部分的國中小學生，只是將電腦當作單純做作業報告或是玩電腦遊戲的工具而已，利用上網來增長知識的比例則是微乎其微。家長可在平日與孩子的聊天中，利用自己具備的網路使用知識，協助孩子確實瞭解自己的上網需求，否則，充其量只是找到一項玩物，而不是有效增長知識的工具。

二、瞭解並接納青少年的網路使用行為

「夜深了，你知道你的孩子在什麼樣的網站流連忘返嗎？」網路是超大型的圖書館，但也同時潛藏了許多罪惡的淵藪（例如：媒介毒品色情、過度偏激的宗教，甚至有教導製作炸彈的網站），可能會誤導青少年。面對現今 e 世代的青少年，父母應接納他們的網路生活，但告誡他們其中潛在的危險與應對的方法，父母必須瞭解自己兒女的網路使用行為、瀏覽網站類型，避免責難式的詢問，可詢問他們最喜歡的網站類型以及原因。最好是和子女同坐在電腦前，讓他們帶領你去他們最常上的網站或聊天室，瞭解他們的網友、談話內容、在網路的行為，而且以開明的態度，和他們聊聊他們的網友，瞭解他們的虛擬社群成員。重點在於教導孩子如何分辨是非與保護自己，以開放和接納的態度與孩子討論上網的行為，避免用對立和絕對禁止的方式來圍堵，這將造成更多的隱瞞和隔閡。

三、將電腦放在你可以看見的地方

青少年總是會要求隱私權，但父母必須權衡輕重，再給予適當隱私與教養方式間取得平衡，例如：不要將有上網設備的電腦放在孩子房間內，應該將它們放在客廳的公共區域，所以你可以在做家事或其他活動時，仍可適度的關心到孩子的上網行為。如果電腦放在孩子的房間中，則應注意是否每當你一接近孩子的房間，他們就立刻切換視窗，或是遲遲不願開門，如果是如此，孩子的上網行為就可能有些問題。我們可選擇合適的軟體協助我們

監控孩子的上網行為，以下簡單介紹幾種，可協助我們監控孩子上網行為與時間的基本方式及其基本操作。

1. friber_AutoOff

friber_AutoOff軟體具有定時自動關機、特定時間關機、限制每日可開機次數、設定禁止上網時間、每日累計開機總時間限制、家長自訂定時操作時間提醒、家長自訂禁止玩遊戲等功能，介面也很容易操作。

⑴可防止學童企圖變更電腦系統時間，以規避所設定之特定關機時間，程式一旦發現時間遭到變更，會提醒使用者，並即時恢復正確時間。家長可隨時變更管理密碼，讓學童不易猜測。

⑵可讓父母或師長自由設定電腦操作時距（從 0 分鐘～23 小時 59 分各種選擇），同時可設定 18 個特定關機時間。當次設定立即生效，並保留設定值在下次啟動電腦時依據您此設定值執行。禁止上網時段請搭配禁止上網方式，勾選禁止撥號連線或禁用網路卡。

(3)一到您所設定的關機時間，即會自動關閉作業系統並關閉電源（此時還有 50 秒的存檔或關閉計時器的時間。請注意：此程式的關機方式為強迫關機模式，不論您正在操作何種軟體、是否存檔，都將強制關機）。

（程式設計者：蔡玉貴老師）

2. 健康上網——「上網時間管理」服務

　　網路成癮已成為日益受到重視的社會課題。網路的世界多采多姿，令人流連忘返，國內有業者推出健康上網——「上網時間管理」服務，與家長一同來把關孩童的上網環境，讓身心獲得健康發展。其主要是提供「上網時間限制的家長監護服務」，讓家

長可輕鬆有效地隨時設置上網時間和上網時段，即使不在家中，依然可以從遠端設定孩子的上網時段，只能在家長的設定上網時段下使用網路，不讓孩子超時使用網路，以避免孩子沉迷網路，以及用眼過度、視力衰減的情形。概述其功能有：

1. 控管上網時段。

2. 無須安裝軟體

3. 不占電腦系統的資源，線上申請。

4. 系統直接設定，不擔心被孩子們自行解除

家長可隨時遠端控制上網時段，在外亦可遙控家中電腦時間，管理時間以系統時間為準（每個用戶時間會稍不同），下圖的「X」表示限制上網的時間。

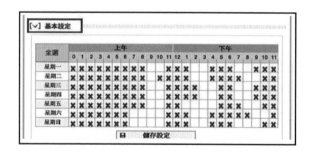

3. 具有存取控制（Access Control）的 IP 分享器

家長也可以購買具有存取控制的 IP 分享器，以下做簡單的圖示範例介紹。

⑴Access Control 功能置於防火牆（Firewall）之下。在「Enable Filtering Function」處點選「Yes」，然後按「Add PC」以增加受限制的 PC 之 IP 位址範圍。

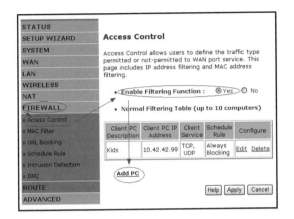

(2)設定之 IP 位址為 10.42.42.99，若希望禁止上 www 網站的話，則選取 www 右的方框。

```
Access Control Add PC

This page allows users to define service limitations of
client PCs, including IP address, service type and
scheduling rule criteria. For the URL blocking function,
you need to configure the URL address first on the "URL
Blocking Site" page. For the scheduling function, you
also need to configure the schedule rule first on the
"Schedule Rule" page.

● Client PC Description: Kids

● Client PC IP Address: 10.42.42. 99  ~
  99

● Client PC Service:
```

Service Name	Detail Description	Blockin
WWW	HTTP, TCP Port 80, 3128, 8000, 8001, 8080	☐
WWW with URL Blocking	HTTP (Ref. URL Blocking Site Page)	☐
E-mail Sending	SMTP, TCP Port 25	☐
News Forums	NNTP, TCP Port 119	☐
E-mail Receiving	POP3, TCP Port 110	☐
Secure HTTP	HTTPS, TCP Port 443	☐

(3)上述IP位址的上網限制亦可搭配時間規則，例如下圖設定上述(2)的限制時間為每天的 21 點到 24 點。若希望週末放寬（或每天限制不同），亦可在各個 week days 另設。

STATUS
SETUP WIZARD   **Edit Schedule Rule**
SYSTEM
WAN   Name: Kids
LAN   Comment: Kids's PCs Control
WIRELESS
NAT   Activate Time Period:
FIREWALL

Week Day	Start Time (hh:mm)	End Time (hh:mm)
Every Day	21 : 00	24 : 00
Sunday	:	:
Monday	:	:
Tuesday	:	:
Wednesday	:	:
Thursday	:	:

» Access Control
» MAC Filter
» URL Blocking
» Schedule Rule
» Intrusion Detection
» DMZ
ROUTE
ADVANCED

透過這些貼心的軟體，父母和老師可以有效控管兒童在家裡或在教室的使用狀況。不需要因為無法時時刻刻陪在孩子身邊，使孩子使用電腦的時間超時，或無法自制的使用問題。

四、訂定適當的規則

由於使用網路不只有娛樂的作用，更有教育學習的意義。所以父母通常對兒女使用網路採取鼓勵及包容的態度。但是，過度的縱容，容易造成網路沉迷。因此，父母親應該訂定適當的使用規則，包括每次使用的時間限制。有許多網路沉迷的學生因整夜上網而晚起，甚至蹺課，以致於荒廢學業，因此，限定網路使用

時間及訂定適當規則是必須的。青少年的自我主張相當強，有些時候甚至會讓大人們領教到對立的張力，不過，多數的青少年是朝向理性的成人之途發展，換言之，他們是可商量的，同時也必須學會有限制的自由才是真自由、真民主。

因此，與其全面禁止上網，不如協助他們選擇上哪些網站、擇地放置電腦，並共同訂定一些作息安排，例如：一天可以上網多久、何時上網。如果初期自我的克制力還不夠，可在孩子的同意下，邀請家長協助提醒，或善用鬧鐘、提醒物等來輔佐。訂定上網守則如下（詳細內容可參閱附件一、附件二）。

1.除非父母、監護人許可，不要將自己的密碼、信用卡號、地址、電話或學校名稱告訴任何人。

2.未經父母或監護人同意，不要跟陌生人見面；如要見面，應有父母親或監護人同行，並約在公共場所。

3.如果有人用言語或文字讓你感到不舒服或擔憂時，即停止繼續交談，並應告訴父母或監護人。

4.不要回覆任何粗俗、暗示性或骯髒的電子郵件。上線時發現低俗的文字或噁心的圖片時，應告知父母或監護人。

5.做你自己，不要假冒他人身分。不可收受難以置信的禮物。

6.電腦設備的擺放位置，宜在家中的公共場所，使家人有共同參與或互動之機會。

7.父母本身若能對電腦網路有所瞭解與熟悉，可以協助子女讓他們的使用網路經驗成為愉快、安全且具教育性。

8.學習與青少年的有效溝通方法，以免父母在約束子女網路使用的過程中造成親子關係的緊張。

不要比較，只要教我
——親職教育貼心手冊

 五、色情網站的監控及限制：利用網路使用記錄監控軟體

關於色情網站方面，除了給予適當的性教育之外，還可以善用各種的網路使用記錄監控軟體（例如：Spector 6.0 網路記錄監控軟體、friber_AutoOff、國內 H 業者的 On line Time Manergement、色情守門員、PG lock、阿達好爸爸控制助手、費爾網路監護專家、網路保姆、網路爸爸、We-Blocker、Naomi、IP-guard、X-chamber TheCops 網路特警、濾擎上網管理系統）來記錄、管制孩子們的網路使用行為。這些軟體可以記錄下他們所瀏覽的網頁、每個網頁停留的時間、收發的電子郵件、聊天室的談話內容，以保護青少年，避免誤入色情、暴力、賭博網站，封鎖惡意程式之廣告視窗；或者可以限定他們的上網時間，協助父母監控子女的網路使用行為，有的不只監看網站，也可監看整個區域網路流量。

 六、慎防「網咖中輟潮」

近年來，提供網路連線遊戲、寬頻上網設備以及舒適環境的網路咖啡，已經成為時下青少年最愛的休閒場所。根據業者統計，網路咖啡的消費者從國小學生到上班族都有，但以未滿 18 歲的高中職學生為主，其中有七成左右是玩電腦連線遊戲，另外三成是瀏覽網頁及上網聊天。由於管理不善以及法令未明，部分不肖的業者將網路咖啡變成媒介犯罪的溫床，包括網路援助交際與賭博性電玩，亦時有所聞。近年來有愈來愈多的青少年沉迷於網路咖啡上網聊天、玩連線電玩，造成學業荒廢，甚至中輟學業，

形成所謂的「網咖中輟潮」，問題有愈演愈烈之勢。

　　尤其每當寒暑假過後，「網咖中輟潮」的問題就特別嚴重。因此，父母除了應注意子女在家的網路使用之外，更應留心子女流連於網路咖啡的問題。網路咖啡相關的管理法令，也有待進一步的檢討。而若發生因上網咖而中輟的情形，最好在 3 到 7 天內要處理完畢，千萬不能讓孩子習慣這種事；也擔心日子拖長，孩子除習慣無拘束的生活，也會擔心因回學校有太多作業及考試要補，而愈發不會回學校去了！

七、親師提高覺察力

　　心理學家 Wallace 於 1999 年主張，在孩子探索、悠游於網路世界時，身為家長或教師的成人有責任引導他們，因此我們必須清楚網路上有什麼、他們在其中做什麼，以及網路如何演變。以台灣網路族最喜歡上網的時段，集中在晚上 8 點到深夜 12 點之間而言，這段時間應該是學生在家做功課或準備功課的時段，而學生網友們卻浪費在無限漫遊的網路裡，難怪網友們會成績低落。所以家長應多注意、關懷子女的上網行為，並管制其上網時間，如此可提昇子女的在校成績，預防子女步入網路的陷阱中。防範於未然，這一切都是值得的，必須提高成癮者自己與老師家長對問題的覺察。

　　下列項目可供做為初步篩檢是否已有成癮問題的症狀：

在家裡：

1. 在電腦前的時間增加。

2. 離不開電腦，若被打斷，顯得相當不耐煩，甚至生氣。

3. 無法上網時，感到（或顯得）空虛、鬱悶。

4. 打電腦或上網時，感到（或顯得）很興奮。

5. 熬夜上網或清晨仍在上網。

6. 與家人相處時間減少或不樂意參與家族活動。

7. 對於自己上網的時間長度或網路內容會撒謊。

8. 睡眠與飲食作息不正常。

在學校裡：

1. 成績退步，而且老師注意到其上課打瞌睡。

2. 蹺課或請假頻率增加。

3. 與同學相處的關係變差。

八、提供選擇性或取代性活動

　　如果青少年只會上網，而不會其他技藝，我們又如何能期待他無聊的時候做些有益身心的活動呢？鼓勵他們打打球、看看小說，或培養其他興趣，那麼上網就不會成為唯一的選擇。如果，他們能從其他活動得到成就感、掌控感，也滿足與人接近的親和需求，那麼上網也不會成為最佳的選擇。在治療的後期，當孩子愈來愈可以履行有限制的上網契約時，開始鼓勵他們也花一些時間從事其他活動，例如：找家人或朋友聊天、與家人朋友一起出遊、參加社團活動、報名學習其他技藝或娛樂活動等。教導青少年擴展多元的人際互動關係，並學習人際溝通技巧，不僅可以防止他們過度依賴網路，也可教導他們藉由學習如何維繫與處理衝突的方法，以避免在網路或現實的人際互動受到挫折或傷害。

九、協助孩子培養區辨能力及意志力

花花世界的誘惑很多，網路世界的誘惑也很多，無論真實或虛擬，青少年最終是要靠自己的力量來協助自己走出健康的人生；因此，協助他們區辨什麼對自己有利、什麼對自己有害，是培養意志力的第一步。有了區辨能力，還要有忍耐、等待延後酬償的控制力。通常，父母、老師或良友在意志力的培養上，扮演著相當重要的加油站。共同確立第一個目標：學習區辨正常的網路使用行為與網路成癮的特徵。治療者需隨時注意個案的努力，並予以鼓勵，且避免苛責他的不足或改善速度。青少年高度使用網路的時間常是自覺空閒時間過多，或將上網當作他們排除壓力的方式，因此時間規劃與壓力調適，也是應提供他們協助的部分。很少有學生會自覺到上網時間過長，而上網的便利及攜帶型電腦的普及，更加深了此一問題的嚴重性。

十、成立自主性監督組織，獎勵優質網站，監測、抵制惡質網站

從外在環境的改善來預防青少年的網路成癮問題，由社區家長與學校老師聯手成立自主性監督組織，不定期搜尋各種網站，公開優質或惡質網站，並透過公平的獎懲方式，讓優質網站廣為人知，也抵制惡質網站之擴展；如此一來，或可降低青少年被誘惑的機會。依照《兒童及少年福利法》之規定，電腦網路之分級辦法由目的事業主管機關定之。電腦網路之事業主管機關——新聞局，於 2004 年 4 月發布，並於 2005 年 10 月修正部分條文之

《電腦網路內容分級處理辦法》，其中第4條明訂：「電腦網路內容，有下列情形之一，有害兒童及少年身心發展者，列為限制級，未滿 18 歲者不得瀏覽：(1)過當描述賭博、吸毒、販毒、搶劫、竊盜、綁架、殺人或其他犯罪行為者；(2)過當描述自殺過程者；(3)有恐怖、血腥、殘暴、變態等情節且表現方式強烈，一般成人尚可接受者；(4)以動作、影像、語言、文字、對白、聲音、圖畫、攝影或其他形式描繪性行為、淫穢情節或裸露人體性器官，尚不致引起一般成年人羞恥或厭惡感者。電腦網路內容非列為限制級者，仍宜視其內容，由父母監護人或其他實際照顧兒童之人輔導瀏覽。」

網路內容業者需檢視其所屬之網站，如有符合上述分類之內容，則需依照該辦法之網路內容分級標準，於網頁上張貼特定標識。以下為台灣網站分級系統分類說明：

台灣網站分級系統

類別	級別名稱	級別描述	機器碼	對應值
網站內容語言之使用	18 歲以下之未成年人可單獨閱讀或由家長陪伴閱讀之容許語言。	一般性語言，略顯輕蔑或經修飾過之粗鄙字眼。	1	0
	18 歲以下之未成年人不可閱讀之明顯粗俗語言使用。	以語言描述強姦、性行為等情節，用語明顯粗暴未經修飾，表現淫穢與性暗示。		3
性與裸露之圖文或多媒體	完全無裸露及在父母陪伴之下可觀看。	裸露之藝術作品或教學素材，不致引發性聯想之胸部、臀部裸露或著衣之愛撫。	s	0
	明顯的性活動，18 歲以下之未成年人不可觀看。	性器官接觸，或直接明白裸露性器官以暗示性行為。		3

暴力與流血之圖文或多媒體	完全無暴力或可由父母陪同觀看之虛構暴力及運動暴力。	漫畫情節之暴力打鬥，運動場上之暴力衝突，具教育目的醫療行為或戰爭場面。	v	0
	表現強烈之暴力，18歲以下之未成年人不可觀看。	變態暴力情節、強迫性行為等誤導性內容。		3
其他	在父母陪同下可閱讀之其他內容。	自殺、輕生等情節或涉及靈異之超自然現象描述。	o	0
	其他，18歲以下之未成年人不可觀看之內容。	鼓勵仇視不同族群或價值觀的團體，鼓勵抽菸與酗酒，毒品及藥物濫用，怪力亂神引起情緒不安之內容，無人管理之聊天室。		3

資料來源：財團法人台灣網站分級推廣基金會（http://www.ticrf.org.tw/chinese/rating-system.htm）

　　下載分級過濾系統需要業者和使用者的配合，業者需貼程式標籤，使用者需作瀏覽器的設定。當使用者瀏覽到貼有限制級程式標籤時，便會作阻擋的動作，但由於法令只能規定國內限制級業者，因此國外的網站無法規範。國內可能仍有限制級網站尚未依規定作分級，在 2006 年 1 月 25 號宣導期過後，若仍發現此情形，可向台灣網站分級推廣基金會或各縣市政府檢舉。

　　雖然資策會網路專家指出，這個辦法能發揮多少功效，他相當懷疑，因為網路是個開放的環境，使用者可以匿名，對阻止未滿 18 歲者接觸包含限制級內容的網站效果仍待觀察。

 十一、提昇網路使用安全的危機意識

在瀏覽與使用網路進行交易、資料傳輸的安全考量，已經成為各大入口網站和交易時備受矚目的問題。消費時常常使用的信用卡如果付款過程不以SSL加密，可能其實不是線上付款，而是透過網路蒐集信用卡資料，再以人工進行授權交易。網路上也發生過不具SSL加密的網路商家，由此得到卡主的信用卡卡號，但他把資料拿去做什麼，消費者是完全不知道的。交易網站使用者保障低，使問題更加複雜，交易過程一般不為人知，這就仰賴法規或技術，以確保消費者安全。綠界科技（GreenWorld）指出，合法的電子商務網站必須要明顯列出運用的電子付款系統為何，以及收單銀行名稱。

電子付款系統是負責處理網站的後端金流作業。國內數年前有推動安全電子交易的計畫，包括經濟部商業司的「信賴付款機制」專案，以及台北市消費者電子商務協會（SOSA）推行的電子商務信賴標章等等。在技術上，目前Google、McAfee等都提供了網站分級評等制，利用特定演算法分析網頁，並為可疑程度高的網站給予標誌。一般是分成三等級：紅（禁止）、黃（可）及綠（安全）。雖然從技術上或機制上，綠界科技試圖提出有效保護網路使用者的做法，不過，到目前為止，這些機制也無法提供絕對有效的辨識參考，而且道高一尺魔高一丈，非具法律效益的標誌，推行起來也大不易，因此消費者自己要小心為上。

另外，網路安全威脅已經是全球性的問題，根據資安公司所公布的網路安全威脅報告顯示，2006年下半年全球的網路攻擊等

惡意活動,以美國發生的數量最多,占全球惡意活動總數的31%,而中國大陸則占全球惡意活動總數的10%,排名第二,台灣雖然只占全球惡意活動總數的 3%,排名第九,不過,如果加入上網人口數計算,以惡意活動的密度來排名,台灣則躍升為第二名,僅次於以色列,是上網最不安全的國家之一。資安公司技術顧問總監王岳忠說:「**台灣在這個比率上來講,突然跳到第二位,全世界以使用者上網來說,第二不安全就是台灣,你遇到攻擊的機會非常非常多。**」分析 2006 年下半年前 50 大提報到資安公司的惡意程式碼樣本,木馬程式就占了 45%,比 2006 年上半年增加了 23%,顯示攻擊者已經從使用大量寄發郵件病毒的方式,轉而使用木馬程式進行攻擊。而進一步分析十大新興的惡意程式,也發現不同的國家區域,會發展出不同的攻擊方向,例如:台灣因為線上遊戲興盛,虛擬寶物等讓駭客有利可圖,所以就發展出特別針對線上遊戲的惡意程式。王岳忠又曾表示:「**在十大新興惡意程式中,排名第二、第三都是來自台灣,是專門針對線上遊戲作的,它專門是要竊取幾個知名線上遊戲的帳號;我們的線上遊戲很多人都在用,裡面有金錢的收益可以預期,所以攻擊者就寫了很多惡意程式,而且是只有在台灣才會看到。**」

親子契約書

上網安全（爸媽的保證）

我知道上網對孩子來說是必要且有益的，我希望能透過孩子的協助以瞭解網路世界。我同意以下的規則：

1. 我會試著去瞭解孩子所使用的網路服務及網站。如果我不懂如何使用，我會請孩子操作給我看。
2. 我會和孩子討論，為他（們）訂定一些合理的規定及電腦使用規則，並將其放在電腦旁邊提醒孩子。
3. 我會監督孩子是否遵循這些規定，尤其是他（們）花在使用電腦上的時間。
4. 當孩子跟我說他在網路上遇到麻煩時，我不會過度反應，我會跟孩子一起試著解決問題，並且避免問題再次發生。
5. 我會將電腦放在家裡的公共區域。
6. 我保證不會用電腦或網際網路來當電子保母。
7. 我會經常確認孩子瀏覽的網頁內容。
8. 我會參考各單位推薦的優良網站，提供孩子一份推薦網站列表。
9. 我會讓上網成為一項家庭活動，並請孩子協助規劃利用網路的家庭活動。
10. 我會利用過濾軟體或其他機制以免孩子看到不當的資訊。
11. 我會試著瞭解孩子的網友及好友名單，就像我試著去認識他（們）的其他朋友一樣。

我同意上述條款＿＿＿＿＿＿＿＿＿＿（爸媽簽章）

我瞭解爸媽已經同意上述條款，我願意協助爸媽和我一起悠遊網路世界

＿＿＿＿＿＿＿＿＿＿（孩子簽章）

資料來源：台灣網站分級推廣基金會（http://www.ticrf.org.tw/chinese/down load/FamilyContractSample.pdf/）

親子契約書
上網安全（孩子的守則）

我知道上網對我來說是必要且有益的，我也知道為了安全上網，遵守以下的規定
是很重要的，我願意遵守以下的規則：

1. 未經爸媽同意，我不會透露個人資料（地址、電話、爸媽工作地點／電話、學
   校名字等）。
2. 如果我在網路上發現一些令我覺得不舒服的資訊，我會馬上告訴爸媽。
3. 未經爸媽同意，我不會答應跟網友見面。若爸媽同意我和網友會面，我會選擇
   約在公開場所，並請爸媽一同前往。
4. 未經爸媽同意，我不會寄個人照片或其他資料給別人。
5. 我不會回應用語鄙俗、令我不舒服的訊息。我知道收到這樣的訊息並不是我的
   錯；如果我收到，我會馬上告訴爸媽，讓他們通知服務提供者。
6. 我會和爸媽討論，訂定上網規則：決定哪幾天可以上網、每天可以上網的時
   段，以及適合我瀏覽的網頁。我不會去瀏覽其他不適合我看的網頁，也不會違
   反這份守則。
7. 我不會把我的網路密碼給爸媽以外的人（即使是我最好的朋友）。
8. 下載／安裝軟體，或做任何可能破壞電腦，或可能洩露我們家隱私的事情前，
   我會先請爸媽確認。
9. 我知道爸媽會監督我上網，並利用軟體幫我過濾不適合的網頁，他們這麼做是
   因為他們愛我、想保護我。
10. 上網時，我會注意良好的網路禮貌——使用有禮的語言並尊重他人。我不會去
    挑釁他人或使用威脅、低級的用語。
11. 我會做一個良好的網路公民，不做任何傷害其他人或違法的事情。
12. 我會幫助爸媽瞭解如何悠遊於網路世界，從中獲得樂趣、學習新知識，並教爸
    媽有關網際網路、電腦及相關技術的知識。

我同意上述條款＿＿＿＿＿＿＿＿＿＿＿（孩子簽章）
我會幫助我的小孩遵守上述協定，只要他（們）遵守規定，就允許他（們）
合理地使用網際網路＿＿＿＿＿＿＿＿＿＿（爸媽簽章）

資料來源：台灣網站分級推廣基金會（http://www.ticrf.org.tw/chinese/down
load/FamilyContractSample.pdf/）

國家圖書館出版品預行編目資料

不要比較，只要教我──親職教育貼心手冊
／孟瑛如著. --初版. --
臺北市：心理, 2010.01
面； 公分. --（親師關懷系列；45037）

ISBN 978-986-191-326-1（平裝）

1. 親職教育　2. 子女教育　3. 親子關係

528.2　　　　　　　　　　98022253

親師關懷系列 45037

不要比較，只要教我──親職教育貼心手冊

作　　者：孟瑛如
責任編輯：郭佳玲
總 編 輯：林敬堯
發 行 人：洪有義
出 版 者：心理出版社股份有限公司
地　　址：231026 新北市新店區光明街 288 號 7 樓
電　　話：(02) 29150566
傳　　真：(02) 29152928
郵撥帳號：19293172 心理出版社股份有限公司
網　　址：https://www.psy.com.tw
電子信箱：psychoco@ms15.hinet.net
排 版 者：辰皓國際出版製作有限公司
印 刷 者：辰皓國際出版製作有限公司
初版一刷：2010 年 1 月
初版六刷：2021 年 9 月
I S B N：978-986-191-326-1
定　　價：新台幣 200 元